ÉMAUX
PHOTOGRAPHIQUES.

DEUXIÈME ÉDITION
entièrement refondue.

TRAITÉ PRATIQUE,
Secrets, Tours de mains, Formules, Palette complète, etc.,
DU
PHOTOGRAPHE ÉMAILLEUR
SUR PLAQUES ET SUR PORCELAINE,

PAR

GEYMET et ALKER.

PRIX : 6 FRANCS.

A PARIS,
CHEZ GEYMET ET ALKER, GEYMET, SUCCESSEUR,
Fabricant de Produits chimiques
et d'Appareils pour la PHOTOGRAPHIE et L'ÉLECTRICITÉ,
8, rue Neuve-Saint-Augustin, près de la Bourse;
A LA LIBRAIRIE SCIENTIFIQUE,
13, rue de Seine-Saint-Germain.
A BRUXELLES, 8, PLACE DE LOUVAIN.

ÉMAUX PHOTOGRAPHIQUES.

DEUXIÈME ÉDITION.

Le dépôt légal de cet Ouvrage a été fait à la Préfecture de la Meuse, le 6 Avril 1872.

Bar-le-Duc. — Imprimerie Contant-Laguerre.

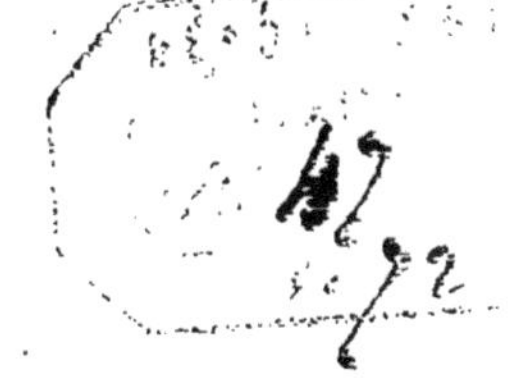

ÉMAUX
PHOTOGRAPHIQUES.

DEUXIÈME ÉDITION
entièrement refondue.

TRAITÉ PRATIQUE,
SECRETS, TOURS DE MAINS, FORMULES, PALETTE COMPLÈTE, ETC.,
DU
PHOTOGRAPHE ÉMAILLEUR
SUR PLAQUES ET SUR PORCELAINE,

PAR
GEYMET et ALKER.

PRIX : 6 FRANCS.

A PARIS,
CHEZ GEYMET ET ALKER, **GEYMET,** SUCCESSEUR,
Fabricant de Produits chimiques
et d'Appareils pour la PHOTOGRAPHIE et l'ÉLECTRICITÉ,
8, rue Neuve-Saint-Augustin, près de la Bourse;
A LA LIBRAIRIE SCIENTIFIQUE,
13, rue de Seine-Saint-Germain.
A BRUXELLES, 8, PLACE DE LOUVAIN.

PRÉFACE

DE LA DEUXIÈME ÉDITION.

La première édition de ce traité a été promptement épuisée. Nous faisons réimprimer ce livre pour satisfaire aux demandes qui nous sont adressées chaque jour.

Trois mille démonstrations, faites dans notre laboratoire, aux photographes et aux amateurs de tous les pays, ont fixé la valeur du procédé.

Nous avons tenu compte des observations qui nous ont été faites par ceux qui avaient profité de nos premiers travaux.

Cette édition sera donc plus complète.

Nous expliquerons en détail la fabrication de la plaque d'émail, telle qu'elle est pratiquée par les ouvriers que nous employons et qui travaillent sous notre direction.

Nous donnerons des indications précises sur le coloris et sur l'emploi des couleurs vitrifiables appliquées à l'aide du putois. Nous engageons le lecteur à porter son attention sur les explications qui se rapportent à la décoration de la porcelaine. Jusques à ce jour, rien n'a été écrit sur cette matière importante au point de vue de l'industrie.

La voie pratique dans laquelle nous conduirons l'opérateur est aussi sûre que celle que nous avons indiquée pour l'émail.

Le même fourneau nous servira, et chacun pourra décorer à sa guise un service complet en porcelaine.

Il suffira d'employer des poudres un peu moins fusibles, et de modifier la méthode du transport.

GEYMET.

INTRODUCTION.

Nous n'avons pas l'intention d'écrire un traité scientifique. Nous serions forcés de dire trop de choses inutiles à notre sujet.

Il nous faudrait entrer dans les détails de l'art de l'émailleur, parler de l'importance de la Céramique, etc... Une fois dans cette voie, nous ferions un volume long, ennuyeux sans doute et qui ne remplirait pas le but que nous nous proposons.

Nous nous tairons sur l'origine du verre et de l'émail, et nous saluerons, simplement en passant, les noms de Lucca de la Robbia, de Bernard de Palissy, de Bollger, de Wegwood.

Dans un ouvrage pratique, il convient de ne pas s'écarter de son chemin, et de ne toucher à l'histoire ou à la science qu'autant que le besoin du sujet le demande.

Ainsi donc, si vous voulez, pour vous distraire ou pour tout autre motif, mener à bonne fin les émaux photographiques, employez les formules que nous donnons, et vous verrez que ce travail intéressant ne présente aucune difficulté.

Soyez persuadés d'avance qu'une opération mécanique qui réussit dans une main, est, en fin de compte, un travail qui peut être exécuté par tout le monde avec un peu d'adresse et de goût.

Il ne faut pas s'effrayer de la difficulté apparente, et si vous lisiez ces lignes sans opérer, vous pourriez croire à l'impossibilité d'atteindre la perfection.

En effet, tracer une image d'une finesse exquise avec un blaireau inintelligent qui n'est pas le pinceau de l'artiste, à l'aide de poudre vitrifiable, sur une glace qui a été exposée quelques secondes à la lumière, reprendre cette poudre sur une pellicule de collodion, transporter le tout sur une plaque émaillée; détruire le collodion sans troubler l'image que rien ou presque rien ne fixe, laver la poudre d'émail dans plusieurs cuvettes pleines d'eau, porter enfin la plaque dans la moufle et retirer du feu une épreuve incandescente d'une finesse exquise : voilà, ce semble, des opérations bien délicates. Eh bien! non. Tout ce travail est simple.

Il a fallu certainement de l'imagination pour amener ce résultat. Le premier émail ne s'est pas fait tout seul, mais la route est frayée, et nous n'avons plus qu'à la suivre.

Si vous lisez attentivement ce livre et si vous le suivez dans la pratique, vous arriverez à des réussites régulières, à condition que vous aurez de bons clichés et surtout de bonnes positives. Nous parlerons en son temps du cliché positif, c'est sur lui que tout repose.

Il né faut pas confondre l'art avec la photographie ; vous n'avez pas besoin d'être un artiste habile pour exécuter un émail parfait, il suffit que vous soyez un opérateur adroit.

La chimie a combiné d'avance les réactions, et la personne la plus étrangère aux choses de l'intelligence peut, avec un peu de goût et de patience, et après quelques essais, se poser en maître et obtenir des résultats dont elle sera étonnée la première.

En photographie, l'imagination n'est pas en jeu quand on ne veut suivre que les sentiers déjà parcourus. Il faut une certaine habileté pour donner une pose naturelle et gracieuse au modèle, pour choisir un site bien éclairé. On doit, en outre, connaître la valeur des ombres, posséder une connaissance superficielle des produits et des mélanges que l'on emploie, et aussitôt que vous êtes à même de juger de l'opacité requise pour faire un bon cliché, il ne reste plus rien à apprendre : vous êtes maître dans la partie. Tout le reste est mécanisme, et les réactions qui vous étonnent se produisent malgré vous ou plutôt sans votre coopération : c'est le cœur qui bat indépendamment de votre volonté, c'est la cristallisation qui se forme dans la capsule sous vos yeux, mais qui ne réclame pas vos soins, les lois d'attraction suffisent.

Nous n'avons pas toutefois l'intention de dénigrer la photographie ni ceux qui s'en occupent. Bien au contraire, cette belle invention rend aujourd'hui des services immenses. Elle procure des satisfactions nombreuses, tout en produisant des œuvres d'une beauté incontestable.

Nous prétendons dire simplement, ce qui est vrai, que le premier venu, sans une longue pratique, peut être dans cette partie aussi habile et plus habile souvent que l'artiste le plus consommé : car s'il se sert de l'objectif, l'artiste abdique la royauté de l'art, et il ne saurait recevoir d'autre titre que celui de photographe.

Nous écrivons ce préambule pour arriver à cette conclusion pratique : c'est que la photographie dont les applications n'ont plus de limites, devrait être connue de tout le monde. On devrait l'enseigner d'une manière pratique dans tous les établissements d'instruction. Il faut du temps pour former un bon dessinateur, et au bout de quelques semaines vous obtenez un excellent photographe.

Pour compléter notre pensée, nous voudrions que l'objectif et le crayon allassent de pair, se complétant l'un par l'autre.

L'émail est certainement une des parties les plus intéressantes de la photographie. Il a un grand avantage sur les productions de ce genre : l'inaltérabilité.

Toutes les épreuves aux sels d'argent de ce siècle qui a vu naître la découverte de Daguerre, seront promptement anéanties; mais les résultats donnés par l'héliographie et l'émail sont à l'abri de toute altération.

C'est la vraie voie dans laquelle l'amateur et le photographe doivent s'engager : de là, la nécessité de montrer un chemin facile. Nous désirons livrer à la connaissance de tous cette partie intéressante de la photographie qui est encore le secret d'un petit nombre. Jusqu'à ce jour, on a plus d'une fois donné au public une théorie peu claire, et on s'est toujours tu sur les petits moyens, qui, dans de pareils travaux, constituent le procédé et sans lesquels il n'est pas possible de réussir.

Nous ne parlerons que de l'émail pour le moment. Nous remettons à plus tard un traité analogue sur la gravure photographique.

Si les anciens avaient été maîtres de ce procédé, il n'aurait pas été si difficile de reconstituer l'histoire. Les médailles à moitié dévorées par la rouille ont sauvé le nom de bien des grands hommes; les traits sont altérés, toutefois le souvenir reste, mais l'émail nous aurait donné la ressemblance parfaite et la date précise.

Voyez les tableaux des maîtres, le feu en a détruit, et le temps et la retouche devenue nécessaire ont déjà altéré ceux qui, par leur date, s'éloignent trop de notre époque. Les vitraux de nos églises au contraire, ont gardé inaltérables le trait et la couleur que l'artiste a fixés sur la matière vitrifiable. Les vieux médaillons émaillés des châsses et des coffrets du moyen-âge n'ont rien perdu de leur fraîcheur, et attestent les avantages immenses offerts par un produit inaltérable.

Il était difficile et à la portée d'un petit nombre, avant ce siècle, de reproduire et de fixer par le feu les traits d'un personnage historique et de mettre ainsi ce document à l'abri de la destruction. Ceux mêmes qui peignaient sur l'émail étaient peu habiles en général dans ce genre de travail.

Ils ne pouvaient en réalité ne s'occuper que de l'éclat des couleurs et de l'ensemble plus ou moins harmonieux du dessin, ils ne devaient pas compter sur les demi-tons, aussi ne s'arrêtaient-ils pas aux détails.

Du reste, l'artiste verrier ne pouvait pas prétendre au portrait ; il n'était pas habitué à cette précision de lignes nécessaires à la ressemblance. Aussi la peinture à l'huile avait arrêté, au moyen-âge, l'essor de l'émail et s'était mise à sa place.

Aujourd'hui, grâce à la photographie, la question a changé, et on peut fixer sans effort et même sans talent sur la matière vitrifiable, contre laquelle le feu ni le temps ne peuvent rien, les portraits les plus ressemblants.

On a remarqué à l'Exposition Universelle de Paris 1867, les magnifiques vitraux de Messieurs Tessié du Motay et Maréchal de Metz. Est-il rien de plus saisissant et de plus fini que les portraits émaillés de Monsieur Lafont de Camarsac qui est entré le premier dans la lice. Ses travaux, ceux de Desroches et Meylan, ceux de Most et Schrœder de Copenhague et de quelques autres seront très-recherchés plus tard, et on en appréciera la valeur, quand la moisissure aura flétri dans nos musées les traits des hommes connus et marquants de notre époque. Souvent la physionomie même de l'individu débrouille un point historique.

La peinture à l'huile plus habile jusqu'ici à fondre les couleurs avait, comme nous l'avons dit, arrêté l'essor de l'émail, mais ce dernier prend sa revanche. Il égale aujourd'hui, par le fini et par le fondu des demi-teintes, les produits de sa sœur cadette et la surpasse à son tour, comme autrefois, du reste, par l'éclat des couleurs et par l'inaltérabilité de ses produits.

Nous devons donc nous féliciter que, à l'aide de la photographie, l'émail se soit remis au niveau de la peinture à l'huile dans le vitrail et dans le portrait, et qu'il trouve dès maintenant des applications industrielles très-nombreuses. Il est facile par ce moyen de décorer la céramique, et Monsieur Kaisser du Hâvre, et plusieurs autres, ont déjà couvert de reproductions photographiques un nombre illimité de porcelaines.

Les avantages que l'art et l'industrie peuvent retirer de ce procédé sont, comme on peut en juger, très-importants, et nous nous étonnons que l'émail photographique n'ait pas encore des partisans plus nombreux. Si c'est par l'ignorance des moyens que ce fait anormal se produit, ce petit traité, qui sera cependant très-incomplet au point de vue photographique, deviendra fort utile. Nous l'écrivons, il faut le dire, sur des demandes multiples, et nous croyons à son opportunité.

La photographie, réduite à l'impression aux sels d'argent, ne suffit plus pour soutenir les nombreuses familles dont le chef s'est voué à ce travail. Nous dirons donc à ceux que la concurrence écrase et qui ne peuvent plus en supporter les atteintes : Changez de voie, décorez des porcelaines, et si vous êtes des premiers à exploiter cette branche industrielle, vous aurez à vous en louer plus tard. Vous n'avez pas à vous occuper de la vitrification de vos dessins; il existe dans Paris et dans beaucoup d'autres endroits des fours qui seront mis à votre disposition deux fois par semaine, et on y surveillera pour vous la cuisson des pièces que vous y aurez portées. On peut, du reste, cuire la porcelaine dans le four à émail.

Pour vous encourager à entrer dans cette nouvelle industrie, nous vous dirons que, d'après un recensement fait à Paris en 1848, on n'a trouvé, dans la capitale, que dix-sept décorateurs sur porcelaines, et nous ne croyons pas que le nombre ait beaucoup augmenté depuis lors.

Sans autre préambule, nous entrons dans la partie

pratique et nous allons décrire, avec la plus grande clarté possible, chaque opération, en indiquant ce qu'il faut faire et surtout ce qu'il importe d'éviter.

Nous prévenons le lecteur de ne pas se préoccuper de tout ce qu'on pourra lui dire, des objections qu'on fera peut-être à la manière de procéder que nous expliquons, sous prétexte que tel ou tel opère différemment. Il est clair que tous les chemins ne mènent pas au but; mais il est certain, d'autre part, qu'on peut arriver au même point en suivant des voies diverses.

Suivez donc la méthode que nous vous proposons; elle réussit chaque jour dans nos mains et nous vous promettons le même succès. De toutes les productions photographiques, l'épreuve sur émail est celle qui réclame et qui atteint la plus grande perfection.

Rien ne peut être comparé au fini et à la délicatesse des portraits vitrifiés. Le feu assouplit les lignes, fond les demi-teintes, et, avec son concours, on crée des miniatures qui peuvent supporter l'examen à la loupe.

Mais pour atteindre ces résultats, il faut avoir sous la main un excellent objectif qui ne déforme pas les traits et qui puisse, avec une grande rapidité, donner à l'ensemble du portrait une finesse hors ligne.

M. Darlot, qui, depuis plusieurs années, a opéré un revirement complet dans l'optique photographique, et qui peut lutter avec les opticiens anglais et allemands, nous a combiné, en vue de l'émail, un excellent quart de plaque à vannes et à court foyer que nous avons adopté et qui doit satisfaire les plus difficiles.

GEYMET ET ALKER.

ÉMAUX PHOTOGRAPHIQUES.

I.

PRÉPARATION DU COLLODION SENSIBLE.

Le collodion dont nous allons nous servir n'a aucun rapport avec le liquide du même nom qu'on emploie dans la photographie ordinaire.

Il n'a qu'un point commun avec ce dernier, la sensibilité. Cette sensibilité même repose sur une théorie toute différente.

En effet, dans les procédés au sel d'argent, en

admettant la théorie probable, la lumière décompose l'iodure d'argent et prépare la réduction du métal; cette réduction est complétée par l'action du bain de fer ou de l'acide pyrogallique.

Dans le travail préparatoire qui doit nous amener l'émail, nous décomposons le bichromate d'ammoniaque incorporé à une matière organique, non pas pour utiliser directement cette décomposition, mais pour tirer parti d'un phénomène résultant d'une rupture d'équilibre auquel elle donne lieu.

Nous sommes précis dans ces détails : on en verra la raison par la suite.

Sous l'influence de la lumière, la surface bichromatée abandonne une partie de son oxygène dans les parties claires de la positive, et pour se remettre en équilibre, les parties qui reçoivent directement l'agent décomposant, aspirent en quelque sorte l'oxygène des points voisins qui sont préservés plus ou moins de l'action lumineuse par les noirs de l'image. Or, c'est dans ces parties à l'abri du jour, qu'une réaction contraire a lieu : celle que nous cherchons.

Les parties garanties du jour par les noirs de la positive deviennent humides, car l'hydrogène s'y trouve mis en liberté, il se combine immédiatement avec l'oxygène de l'air et avec celui qui se dégage des parties insolées pour former de l'eau. Cette combinaison, qui ne pourrait avoir lieu à la température ordinaire, est probablement amenée par un dégagement d'électricité qui est le résultat de toute décomposition.

Cette théorie n'est pas gratuite, la rupture d'équilibre dont nous avons parlé peut être démontrée. Il est permis de comparer ce phénomène à ce qui se passe dans les corps électrisés par influence, et qui tendent, après décomposition, à rentrer dans l'état neutre, attirant, comme dans notre cas, l'électricité de nom contraire.

Tout est équilibre dans les lois générales, et les corps qui s'en sont écartés par une cause quelconque ont une tendance énergique à rentrer dans leur état naturel.

La preuve de ce que nous venons d'avancer, c'est qu'une glace insolée peut perdre sa sensibilité, et qu'elle la perd en effet, pour la reprendre le lendemain ou une heure après, quand la recomposition a eu lieu, c'est-à-dire, quand l'équilibre s'est rétabli.

Quoique modifiée dans son degré d'oxydation primitive, par la première insolation, elle redevient tout aussi sensible et donne lieu au même phénomène qu'on peut observer plusieurs fois. Il est du reste visible, même à l'œil nu, et nous le verrons plus tard, quand nous déterminerons le temps de pose.

Quoi qu'il en soit, vous composez votre collodion d'après la formule qui suit :

Eau distillée ou filtrée . . .	100 cent. cubes.
Miel épuré.	1/2 gramme.
Sirop de sucre préparé . . .	2 cent. cubes.
Gomme arabique en poudre	5 grammes.
Solution saturée de bichromate d'ammoniaque de. .	15 à 20 centi-

mètres cubes ; ou mieux 15 centimètres cubes de notre liqueur sensible préparée au trichromate.

Les liquides sont mesurés dans une éprouvette en verre gradué.

(On peut augmenter un peu la dose de bichromate en hiver).

A défaut de bichromate d'ammoniaque, prenez du

bichromate de potasse; mais le premier de ces deux sels est préférable. Il donne plus d'intensité aux épreuves, et le collodion conserve plus longtemps sa sensibilité.

La sensibilité du bichromate de potasse a été observée, pour la première fois, en 1839, par Mungo Ponton. En 1853, M. Talbot mit à profit cette propriété dans ses essais de gravure. Il le combinait avec la gélatine pour rendre insolubles les parties que la lumière avait frappées et qui s'opposaient par conséquent à la morsure de l'acide.

En 1855, M. Poitevin, partant d'un autre point de vue, avait remarqué que les parties insolées sous les blancs d'un négatif demeuraient inertes, tandis que sous les noirs du cliché, la gélatine se gonflait lorsqu'on la mettait dans l'eau. Il en profitait pour faire des moulages et pour produire des planches en creux ou en relief, en soumettant les épreuves au bain galvanique. Ce procédé n'a pas donné les résultats qu'on pouvait en attendre, mais l'inventeur eut encore l'idée, plus tard, de mêler des poudres colorantes à la gélatine bichromatée, et cette nouvelle méthode devait nous donner la photographie au charbon et la photolithographie.

Le fait sur lequel repose la formule que nous donnons est dû aux observations de MM. Salmon et Garnier, qui exposaient la surface bichromatée sous un cliché positif, pour faire adhérer la poudre sous les noirs.

Quoi qu'il en soit, vous mêlez les produits ensemble, à l'exception du sel de chrome que vous ajoutez dans le cabinet noir. Après dissolution, vous filtrez le tout au papier, et la liqueur sensible ne doit plus voir la lumière. On ne filtre bien ce liquide qu'à travers le papier buvard rose, moins serré que le blanc.

A partir de ce moment, toutes les opérations qui suivent doivent se faire à l'abri de la lumière blanche. On peut toujours s'éclairer avec une bougie ou au moyen de verres jaunes, qui ne laissent pénétrer à l'intérieur que le rayon de même couleur.

On peut se servir du collodion aussitôt après sa préparation. Il est bon de ne pas le laisser vieillir ; ce n'est pas qu'il perde sa sensibilité; mais il a, après quelques jours de préparation, une tendance à s'attacher fortement à la glace, et le transport de l'image devient par suite presque impossible.

Nous avons dit, qu'on filtrait le collodion, mais si bien qu'il le soit au papier, il tient toujours en suspension des grains de poussière atomique qui occasionnent des taches sur l'image. Il faut éliminer quand même ces causes certaines d'accidents; elles amènent plus tard la nécessité des retouches qui ne sont pas toujours faciles, tout en dépréciant l'œuvre qui ne sort pas pure et franche du premier jet. Voici le remède :

Après avoir filtré la liqueur sensible, comme il a été dit, dans un entonnoir avec un filtre en papier, on reçoit le collodion dans un vase long et étroit. Vous le laissez déposer quelques heures, plus longtemps si vous n'êtes pas pressé, et vous décantez seulement les trois quarts du liquide dans un flacon à collodion : le fond occasionne toujours les accidents que nous signalons.

Il est sans doute ennuyeux pour le lecteur de nous suivre dans tous ces détails intimes, nous lui demandons cependant la permission d'être plus minutieux encore au besoin, car nous sommes convaincus que ce n'est pas en frappant d'estoc et de taille qu'on peut arriver à produire des œuvres délicates qui n'ont de valeur qu'autant qu'elles sont parfaites. Dans un traité sur l'émail, nous ne saurions passer sous silence la formule donnée par M. Poitevin. En été, une glace préparée avec cette solution dont la formule suit, peut donner de bonnes épreuves, mais les surfaces recouvertes par le perchlorure de fer, prennent l'humidité si facilement, qu'il est impossible de s'en servir par les temps humides. L'hiver surtout.

L'impression, dans ce cas, doit être faite à travers un cliché négatif.

Dissolvez d'une part :

10 grammes perchlorure de fer,
dans 30 grammes eau distillée.

Dissolvez ensuite :

5 grammes acide tartrique,
dans 30 grammes eau distillée.

Vous filtrez séparément ces deux solutions et vous

les mélangez après, en ajoutant 200 grammes d'eau distillée.

La réaction qui s'opère est basée sur l'hygroscopie du sel de fer. Cette réaction est analogue, quoique inverse à celle qui naît de l'emploi du bichromate.

Nous pourrions multiplier les formules du liquide sensible ; mais la première suffit.

Elle est constante et on peut s'en servir dans toutes les saisons. L'albumine et la gélatine sensibilisées par le bichromate, donneraient aussi une image; mais avec ces produits, il est impossible de détacher l'épreuve de la glace, et de nombreux désordres se manifesteraient au moment de la vitrification.

II.

PRÉPARATION DES GLACES.

Il n'est pas possible, pour le travail que nous expliquons, de se servir de verres, si beaux qu'ils soient, il faut renoncer à leur emploi; quelques exceptions pourraient bien nous donner un démenti, mais nous ne conseillons pas d'essayer. Instruit par l'expérience, on peut quelquefois s'affranchir des règles générales, mais c'est en elles que le débutant doit chercher tout son appui.

Les nécessités de l'opération exigent une planimétrie exacte. Il y a deux surfaces non flexibles à superposer : la surface préparée de la glace sensible et celle qui sert de support à la positive. Deux verres appliqués l'un sur l'autre ne rempliraient pas les conditions requises d'abord, et de plus il y aurait souvent rupture de l'un ou de l'autre dans le châssis-presse; nous vous avertissons encore de ne jamais poser l'un sur l'autre, au châssis-presse, deux verres dont le premier aurait des dimensions plus restreintes que celui qu'il supporte : vous perdriez beaucoup de glaces et elles ont leur prix. Les châssis-presses doivent être très-doux et n'exercer qu'une pression modérée.

La pureté des glaces est de rigueur; mettez hors de service celles qui ont la moindre rayure. Il faut prendre le plus grand soin des glaces pour éviter cet accident très-facile à se produire. Celles qui seront légèrement maculées pourront encore servir à la photographie ordinaire.

Les glaces, une fois choisies, seront nettoyées et immergées à cette fin dans

Eau.	500 grammes.
Acide azotique.	500 —

Il faut les laisser tremper dans ce mélange pendant une heure au moins, les rincer ensuite à l'eau fraîche, et lorsqu'elles sont égouttées, les essuyer avec un linge propre; vous les reprenez après une à une et vous frottez à l'aide d'un tampon de coton, la surface à sensibiliser, avec la solution que voici :

Alcool.	100 grammes.
Iode en paillettes . . .	1 —

Le tripoli dans l'alcool avec quelques gouttes d'ammoniaque liquide peut être employé.

Vous essuyez bien, et la glace est prête à recevoir le collodion.

On répand le liquide sensible comme s'il s'agissait d'une glace à collodionner dans la photographie ordinaire en le faisant couler en nappe unie sur la surface qu'on lui destine; l'excédant est repris dans un flacon à part et toujours sur un filtre en coton. Mais il est indispensable, nous disons indispensable, avant de collodionner, de passer un blaireau sur la glace, sans cette précaution, l'image à reproduire serait criblée de points. Il ne faudrait pas, avant de verser le collodion, frotter la glace, sous prétexte de compléter le polissage de la surface : c'est là une habitude très-mauvaise et très-commune en photographie. La glace électrisée attire toutes les poussières qui voltigent dans la couche d'air qui l'enveloppe et qui se fixent sur elle. Le blaireau est impuissant à les en détacher. Si vous êtes sûrs de la propreté de vos glaces, passez simplement le blaireau.

Il convient d'éponger le bas de la glace pour enlever l'excès du collodion. On empiète avec du papier de soie, d'un centimètre sur la surface de la glace, que l'on sèche de suite sur la flamme d'une lampe à alcool. Il ne faut chauffer que modérément jusqu'à dessication complète.

Quand la glace a repris la température ambiante, on l'expose sur la positive au soleil ou à l'ombre. On peut la soumettre à l'insolation quand elle est encore chaude ; mais dans ce cas, on ne doit procéder au développement de l'image que lorsque la glace est refroidie. Il n'est pas possible de préparer les glaces à l'avance.

Nota. Dans les temps humides et froids, nous avons observé que souvent le liquide se refusait à prendre sur la glace. Il faut, dans ce cas, chauffer le verre avant de collodionner.

Le bichromate d'ammonique, à la dose indiquée, cristallise au bout de quelques minutes, si on n'a pas le soin de sécher le verre sur là lampe à esprit de vin.

Il cristallise encore après dessication même dans un endroit sec, et les verres préparés seraient hors d'usage le lendemain.

Il est vrai qu'on pourrait diminuer la dose de bichromate, mais alors l'image ne prend pas assez d'intensité, et l'épreuve sort toujours grise. Nous avons donné comme dosage régulier 15 0/0 de solution bichromatée; mais on peut modifier cette formule et en mettre de 20 à 25 centimètres cubes dans 100 grammes de la formule. La quantité de sel de chrome doit être en raison de l'intensité du cliché. Nous conseillons cependant de suivre la formule normale; nous nous en sommes toujours bien trouvés, et nous n'éprouvons aucun ennui à préparer nos glaces à mesure.

Il est possible cependant de disposer d'avance une douzaine de glaces. C'est même ainsi qu'il convient de procéder. On les sèche, et comme la pose n'exige que quelques secondes, on a toujours le temps de les employer. Cela permet, d'autre part, de choisir la meilleure épreuve, celle qui ne laisse rien à désirer.

Nous venons à l'instant de parler de l'épreuve positive. Il est très-important que nous nous y arrêtions, car c'est d'elle que dépend le succès.

Avec les formules et les explications que nous avons données, et avec celles qui suivront, il ne peut pas surgir de difficultés, mais nous y mettons pour condition qu'on se servira d'une bonne positive; il est facile de la juger, et voici comment : il faut appliquer l'image, le collodion en dessous, sur une feuille de papier blanc; si elle est apte à donner une bonne épreuve sous le blaireau couvert de poudre d'émail, tous les détails doivent sortir nets. En un mot, vous aurez, après le transport sur l'émail, une image en tout pareille à celle que vous voyez sur votre papier (1). Il est quelques exceptions, mais elles sont rares.

On obtient la positive de bien des manières. On la prend généralement sur un cliché appliqué sur une glace dépolie. Les volets d'un cabinet étant fermés, on ne laisse pénétrer le jour qu'à travers le cliché. On pose peu, quelques secondes, si la lumière est vive, et on développe suivant la méthode ordinaire. Il y a un autre moyen plus commode, c'est de poser une glace préparée à sec, n'importe par quel procédé, sur le cliché à reproduire, quand on n'a pas à réduire ou à grandir le dessin. On expose quelques secondes à la lumière diffuse, ou mieux dans un demi-jour, et on développe à l'acide pyrogallique : nous ne pouvons pas entrer dans tous ces détails, et nous renvoyons le lecteur, pour tous les renseigments photographiques qui n'ont qu'un rapport indirect avec l'émail, au *Traité de chimie photographique* de MM. Barreswil et Davanne; c'est

(1) Il est bon que l'image, vue par réflexion, soit bien accusée.

l'ouvrage le meilleur et le plus complet sur cette matière. (Voir à ce sujet le premier volume de notre *Traité sur la gravure héliographique.*)

Le moyen que nous employons, quand l'image positive doit garder les proportions du cliché, nous est particulier, et toutes les positives obtenues par notre procédé sont aptes à donner un excellent émail. La couche de collodion reste transparente dans toutes ses parties, et l'image n'a pas besoin d'être développée.

Nous avons toujours, dans nos magasins de produits chimiques, des papiers tout sensibilisés à la disposition de l'opérateur. Pour obtenir une positive, on en prend un morceau de dimension voulue, et on tire au châssis-presse comme s'il s'agissait d'une épreuve à coller sur bristol. On doit attendre que les blancs soient teintés. On vire et on fixe à la fois le dessin dans le bain suivant.

N° 1.

Eau	1000	grammes.
Hyposulfite	120	—
Sel ordinaire.	60	—
Chlorure d'or et de sodium.	1	—

On laisse le papier cinq minutes sous l'action du bain : en le retirant, on le porte dans une cuvette d'eau, et de là, dans une seconde cuvette pleine d'eau chaude. Le papier se dédouble alors spontanément, et la pellicule de collodion qui porte la positive flotte à la surface du bain, ou reste sur le papier, mais sans adhérer. On transporte, à l'aide du papier, le tout sur une glace propre, le collodion en dessous, en laissant dépasser un centimètre du collodion et du support qu'on rabat sur le côté opposé du verre, comme nous l'avons dit ailleurs au sujet de nos papiers à transport et de notre collodion polychrome.

On enlève ensuite la feuille de papier, on lave ce collodion très-résistant avec un peu de coton imbibé d'eau chaude, et on reprend la pellicule parfaitement transparente sur un nouveau papier mouillé au préalable, pour l'appliquer sur une glace légèrement gélatinée. On laisse sécher le collodion en ayant soin d'éviter les plis. Ce genre de positive ne saurait être douteux : car l'image obtenue au châssis-presse vous donne la valeur par réflexion de celle que vous aurez sur l'émail.

C'est par le procédé qui nous appartient, qu'on fait le presse-papier et le faux-émail. Notre maison livre lès blocs tout taillés et la colle spéciale.

Les épreuves sont virées dans :

N° 2.

Eau ordinaire.	1000	grammes.
Sulfocyanure d'ammonium .	100	—
Chlorure d'or et de sodium.	1	—

On passe par tous les tons intermédiaires entre le brun et le noir bleu. On fixe ensuite l'épreuve dans le virage N° 1. Cinq minutes suffisent.

N° 3.

Eau ordinaire.	1000	grammes.
Borax.	2	—
Chlorure d'or et de sodium.	1	—

Cette dernière formule est très-régulière. L'épreuve doit séjourner un quart-d'heure dans le bain et on la fixe ensuite dans le N° 1.

Ce dernier virage donne les tons les plus beaux.

III.

INSOLATION.

La durée de l'exposition à la lumière est variable. Elle dépend de la vigueur de la positive et de l'intensité du jour. Cependant, en employant la formule que nous avons donnée, 20 à 30 secondes suffisent par un soleil d'été. Il faut attendre de 3 à 5 minutes à l'ombre, au milieu du jour, si le ciel est pur. Par un temps couvert et brumeux, il est impossible de fixer approximativement le temps de pose.

Il se produit cependant sur la glace du châssis-presse un phénomène visible pendant l'insolation qui peut servir de règle et qui ne nous a jamais trompés. Nous savons que sous l'action décomposante de la lumière, la glace sensibilisée prend de l'humidité, et que c'est ce fait hygrométrique qui fait adhérer la poudre plus ou moins sur une partie, selon que la décomposition a été plus ou moins profonde. Or, puisqu'il y a décomposition il y a dégagement de vapeur; et, si vous observez attentivement la surface de la glace du châssis-presse, vous la verrez au bout de 20 secondes au soleil se couvrir d'un voile humide. Vous devez attendre quelques secondes encore, et l'impression sera suffisante.

A l'ombre, ce phénomène est moins sensible; mais on peut s'en rendre compte avec un peu d'attention.

L'image ne se présente bien que si l'exposition est convenable. Si la pose a été trop prolongée, la décomposition ayant lieu sous les noirs et sous les clairs de la positive, la poudre n'adhérera nulle part. Si l'insolation n'est pas suffisante, la poudre d'émail au contraire se fixera sur tous les points de la surface, et dans les deux cas il n'y aura plus d'image possible.

Nous admettons donc en règle générale, pour éviter les tâtonnements et fixer les idées, qu'une exposition trop prolongée s'oppose à l'adhérence de la poudre d'émail sur la glace, et que trop peu d'insolation amène l'effet contraire. Basons-nous sur ce principe, que la réussite repose sur un fait d'hygrométrie qui est le résultat d'une action chimique quant à la lumière, et qu'il faut débrouiller du fait général d'hygrométrie du milieu dans lequel il se passe, c'est-à-dire de la température locale.

Cette question est très-complexe par les temps humides, mais très-simple quand il fait sec. Il peut arriver en hiver, par exemple, que votre glace ait été exposée trop chaude, et il faut absolument qu'elle le soit dans la saison humide : dans ce cas, vous n'obtenez rien au développement; mais attendez quelques minutes, et vous serez étonné, en la reprenant, de voir une image parfaite, à la condition encore que vous choisirez le moment favorable : car si vous attendez trop, vous serez forcé de chauffer légèrement la glace, sous peine de voir un dessin empâté se développer sous le blaireau.

Il ne faut pas nous critiquer si nous insistons si fortement sur les détails, car si on ne saisissait pas exactement cette théorie, on attribuerait au hasard l'insuccès ou la réussite d'une épreuve. Nous nous résumons donc, en disant qu'il ne faut ni trop d'humidité, ni trop de sécheresse, et en faisant observer qu'une glace trop chauffée et une qui le serait moins, donneraient le même résultat avec une exposition égale; mais il faudra attendre que la première reprenne la température ambiante, et il sera prudent quelquefois de chauffer légèrement la seconde.

On voit, d'après ces observations, qu'il faut un certain tact pour se tenir dans le juste milieu et pour éviter les excès contraires.

Nous posons encore en règle générale le principe qui suit : Par un temps sec, posez la glace après son entier refroidissement et attendez quelques minutes avant de développer. Si l'atmosphère est humide, ayez soin de l'insoler encore chaude et de développer sans attendre.

Nous conseillons, dans cette nouvelle édition,

d'éviter d'exposer le châssis en plein soleil. Les épreuves tirées à l'ombre sont généralement supérieures, si la lumière est vive.

On les développe mieux et plus vite.

Quand il gèle, il n'y a pas de réaction, si la glace sensible est exposée à une température au-dessous de zéro. On placera dans ce cas le châssis à l'intérieur si la pièce est chauffée, et on triplera au besoin le temps de pose.

Quelle que soit la lumière, on peut toujours amener une bonne épreuve. De nombreux essais faits en hiver, dans les jours sombres et humides, nous ont prouvé qu'il suffisait de prolonger l'exposition pour développer des épreuves brillantes et sans voile gris.

Une insolation de quatre ou cinq heures est quelquefois nécessaire; mais avant de commencer le développement, on doit, avec une excessive précaution, passer la glace sur la lampe à l'alcool pour combattre l'excès d'humidité.

La couche sensible dans les parties modifiées par l'insolation se ramollit ensuite sous l'influence de la lumière absorbée, et après quelques minutes de repos, le développement se fait avec un plein succès.

Ce qu'il faut à tout prix éviter dans l'émail, c'est le *voile gris*, qui dépare l'épreuve et qui la prive de tout son éclat.

Ce voile gris est un ennemi avec lequel il faut compter presque toujours. Avec les temps humides seulement, l'épreuve se révèle immédiatement et presque sans travail. Le vent du Nord et les grandes chaleurs contrarient la réaction, qui repose, comme il a été dit, sur un fait d'hygrométrie.

Mais indépendamment des circonstances atmosphériques, ce voile peut être amené par l'imperfection du cliché positif, par excès et par manque de pose.

Un positif sans vigueur donne une épreuve sans énergie, et en forçant le développement pour accentuer les noirs, on voile forcément les lumières.

Si la pose est insuffisante, même avec un cliché parfait, le voile ne saurait manquer de se produire. Dans cette supposition, les parties de la couche sensible correspondantes aux lumières du positif n'étant pas insolubilisées, la poudre d'émail s'attache partout à peu près indifféremment, et la réaction lumineuse n'intervient qu'en seconde ligne.

Le voile, par une raison tout opposée, peut avoir pour cause un excès d'insolation.

La couche sensible devient alors presque insoluble dans toute l'étendue de la surface.

La réaction lumineuse qui doit se produire immédiatement ou dans l'intervalle de quatre ou cinq minutes est considérablement retardée.

Il faut donc attendre un certain temps avant que la couche ne reprenne quelque humidité produite par l'action de la lumière absorbée. Mais en même temps, l'humidité fournie par le milieu ambiant agit sur la couche très-hygrométrique par nature, et la poudre d'émail, tout en renforçant les noirs, s'attache suffisamment sur les lumières pour détruire l'harmonie de l'ensemble.

IV.

DÉVELOPPEMENT DE L'IMAGE.

Après l'insolation, l'opérateur passe dans le cabinet noir pour développer l'image.

Il charge de poudre d'émail un blaireau fin et fourni en le retournant en tous sens dans la soucoupe qui contient la poudre. Il prend ensuite la glace dans sa main gauche et le blaireau dans sa main droite, et place devant lui une feuille de papier blanc qui sert de réflecteur pour surveiller la venue de l'image par transparence.

Sans ce fond blanc à distance sur lequel, à mesure que le blaireau est promené sur le verre, l'image paraît se dessiner, il serait impossible de se rendre un compte exact de ce qui se passe.

Le blaireau doit être manié d'une certaine manière; il ne faudrait pas le promener du haut en bas sur le verre suivant les mouvements de l'ouvrier qui badigeonne. On tamponne légèrement la surface impressionnée en commençant par le haut; on descend progressivement, frappant toujours avec régularité et avec une certaine légèreté de main.

Quand toute la glace est couverte ou pendant l'opération, on décrit des cercles avec le blaireau en avançant à mesure, et l'image se forme toute seule, car la poudre adhère inégalement sur les parties plus ou moins humides.

On dégage ensuite la glace de la poudre en excès; on y arrive en promenant alors le blaireau de haut en bas dans tous les sens et sans trop de ménagements. On peut au besoin passer sur l'image un tampon de coton et exercer une certaine pression; le dessin se montre enfin tel qu'il doit être.

Nota. Le tampon de coton doit être rejeté, et nous conseillons, dans cette nouvelle édition, de passer le blaireau avec la plus grande légèreté possible.

Voici maintenant une série d'observations qui ont leur importance. Si la pose est exacte et si la glace n'est ni trop chaude ni trop humide, l'épreuve donnée par une bonne positive sort parfaite; il n'y a plus qu'à la transporter; mais il peut se faire que le dessin soit ou trop noir ou incomplet. On en juge en appliquant la surface préparée de la glace sur un papier blanc.

Si l'épreuve est trop empâtée, c'est-à-dire trop noire, il faut recommencer l'opération. Le développement a été poussé trop loin. Si le dessin est incomplet, on continue à passer le blaireau après avoir laissé reposer la glace pendant deux ou trois minutes. On pose de temps en temps le verre sur un papier blanc pour mieux juger l'épreuve. On s'arrête quand elle est complète dans son ensemble.

Il est à remarquer que l'image ne change plus, ni dans les opérations qui suivront, ni dans son passage à la moufle ; nous n'avons pas à virer l'épreuve et l'élément fixateur est le feu.

Si le passage réitéré du blaireau ne parvient pas à renforcer l'épreuve, et à faire paraître les demi-teintes, dans ce cas le temps de pose est exagéré, on peut hâler légèrement sur le verre, qui prend à l'instant un peu d'humidité et qui happe une plus grande quantité de poudre. On doit toutefois éviter d'employer ce moyen.

Mais si l'image sort grise, ce qui indique une insolation insuffisante, il faut renoncer à améliorer le dessin. Si vous hâlez dessus, la surface prendra certainement un surcroît de la poudre que vous lui présentez; mais quand vous voudrez régulariser la surface pour enlever l'excédant, la poussière supplémentaire qui a adhéré après le hâle tombera, et vous reviendrez au point de départ. Si la poudre résiste, les blancs de l'émail seront couverts d'un voile gris.

Il y a cependant possibilité, et en dépit de la pose, de corriger certaines défectuosités au blaireau, mais ces corrections ne sont qu'un palliatif et non un remède.

Les fonds, par exemple, se prêteront à la retouche. On peut mettre à l'unisson les parties claires ou trop foncées qui résultent de l'imperfection du cliché positif. On doit procéder à ces corrections quand tout le travail du développement est terminé, c'est-à-dire quand l'image est prête au transport.

Dans le premier cas, on hâle sur les parties claires, et on y passe non plus le blaireau, mais un pinceau fin d'aquarelle, dont la pointe souple est chargée de poudre d'émail. Cette retouche, comme une teinte plate en aquarelle, ne doit porter que sur la partie à corriger; si vous la dépassez, vous amenez à côté un défaut pareil à celui que vous vouliez faire disparaître. L'ensemble ne devant plus être égalisé par le blaireau, il faut frapper juste.

Dans le second cas, pour modifier la teinte trop foncée qui, dans certain cas, n'est pas en rapport avec l'ensemble du fond, vous dégagez ces points après avoir chauffé légèrement la glace en prenant un peu de coton bien blanc que vous passez dessus en frottant plus ou moins.

Mais notons bien que la poudre appliquée après coup n'adhère pas aussi bien que celle qui a été aspirée en quelque sorte par suite de la réaction qui s'est produite sous l'influence de la lumière. Si vous repassiez le blaireau, ce qui n'est plus à faire, comme nous l'avons dit, les corrections seraient à recommencer.

On peut retoucher de cette manière telle ou telle autre partie du sujet, mais il faut être très-sobre dans ce travail. Nous reviendrons sur ce sujet dans un chapitre spécial que nous consacrerons à la retouche.

On veillera avec le plus grand soin dans le développement à tenir parfaitement secs, le blaireau, les pinceaux, le coton, la feuille de papier qui sert de transparent, en un mot, tout ce qui est en contact avec la surface qui reçoit le dessin.

Par les temps chauds, le blaireau qui a touché à vos doigts a contracté assez d'humidité pour gâter l'image, et le papier sur lequel votre main a posé, amène les mêmes désordres. Veillez surtout, en arrondissant le coton en forme de tampon, à ne pas toucher la partie qui doit être en rapport avec le verre. Il est bon aussi de chauffer légèrement la soucoupe qui contient la poudre d'émail et de tenir cette dernière à l'abri de la poussière, car toute matière organique qui s'y mêle occasionnera plus tard un point blanc qu'il faudra retoucher.

L'image donnée par la poudre d'émail doit être très-claire. Il suffit qu'elle soit indiquée sur la glace. Il faut éviter l'empâtement. La poudre adhérente ne doit être qu'une ombre légère, si peu qu'elle paraisse, vue par transparence ou par réflexion, l'image sera toujours assez accusée sur le médaillon.

Si vous laissiez prendre trop de poudre à la glace, vous perdriez vos épreuves en les passant à l'acide sulfurique. La poudre se détacherait.

Il faut cependant tenir le dessin un peu plus foncé qu'il ne doit être. Les blancs doivent paraître légèrement teintés, et vous devez tenir les noirs un peu voilés par la couche. Le brillant donné par le feu ramènera le tout à sa juste valeur.

Une image trop peu accusée, quoique paraissant d'une bonne venue sur l'émail non cuit, sort trop pâle de la moufle.

V.

TRANSPORT DE L'IMAGE SUR LA PLAQUE D'ÉMAIL.

Lorsque l'épreuve convient, il ne faut pas attendre pour la transporter. Si vous laissiez adhérer la poudre au verre pendant trop longtemps, vous auriez plus tard de la peine à la détacher : une partie de l'image resterait sur la glace et échapperait au collodion qui doit faire table rase.

Nota. Le même accident arrive si la glace a été trop chauffée.

Le même accident se produit encore, nous l'avons déjà dit, quand la liqueur sensible préparée depuis trop longtemps, a subi un commencement de fermentation, et lorsque la glace n'est pas d'une propreté parfaite; dans ce cas, le collodion a de la peine à couler en nappe unie : c'est un avertissement.

Pour enlever votre image, vous couvrez la glace d'un collodion normal, celui de la photographie ordinaire, suffisamment épais, pourrait suffire au besoin. La formule qui suit est appropriée à la circonstance :

Alcool à 40°.	50	grammes.
Ether sulfurique 62°. . .	50	—
Coton azotique	2	—

Vous remarquez que l'éther et l'alcool sont en parties égales; si l'éther dominait, le collodion serait trop sec, sujet à se gercer en se desséchant, et on aurait de la peine à éviter les plis sur l'émail. Ce collodion doit être limpide et filtré au coton.

Nous conseillons de ne jamais reprendre l'excédant

dans le même flacon, nous préférons même le sacrifier; en voici la raison. Ce liquide, versé plusieurs fois sur les images à transporter, contracte le même défaut que le collodion sensible qui nous sert pour l'émail. Il entraîne avec lui une partie de bichromate, et quoique la couleur n'en soit pas altérée sensiblement, il devient impropre au transport. Est-ce là la vraie cause? nous le supposons; mais il est certain qu'en l'employant, l'image a une tendance à s'attacher sur la glace, et ce fait ne se produit pas avec un collodion qui n'a jamais servi.

Ce collodion, propre à transporter une épreuve qui doit orner un médaillon ordinaire, une broche par exemple, serait trop épais pour le transport sur des pièces plus petites, sur des émaux destinés aux bagues et aux épingles. Il faut, dans ce cas, diminuer la dose de coton azotique, il sera plus facile alors d'éviter les plis et d'obtenir le contact exact de la pellicule avec la plaque émaillée, condition indispensable pour éviter le soulèvement de la poudre.

Quand votre image est couverte par le collodion, vous attendez deux ou trois minutes, et lorsque ce dernier a fait prise, vous immergez le verre dans une cuvette pleine d'eau à laquelle vous mêlez un peu d'acide chlorhydrique. Ce mélange dissout et élimine l'acide chromique qui teinterait en vert le blanc de l'émail après la cuisson.

Vous retirez la glace après quelques minutes, et vous coupez avec un canif le collodion qui tient aux arêtes du verre, vous replongez la glace dans une cuvette pleine d'eau, pour laver la pellicule de collodion qui monte alors à la surface de l'eau. Si la pellicule ne se détachait pas facilement, vous la soulèveriez doucement par les deux angles; mais vous n'insisteriez pas, si peu qu'il restât de poudre sur le verre : dans ce cas, il vaudrait mieux le soumettre une seconde fois à l'influence de l'acide, et recommencer le lavage.

Il est rare que le collodion ne se détache pas promptement du verre dans l'eau acidulée, si les opérations ont été faites avec régularité. Voici les causes d'adhérence :

1° La glace trop chauffée ;

2° Le collodion normal trop évaporé avant son immersion dans l'eau acidulée ;

3° Trop de retard entre le développement de l'image et le collodionage. Il ne doit jamais s'écouler plus d'un quart-d'heure entre ces deux opérations.

Cet accident peut se produire encore si les glaces ont été sensibilisées avec la liqueur bichromatée plusieurs heures avant l'emploi. Nous avons dit qu'il fallait exposer les glaces dans les dix minutes qui suivent leur préparation.

Il est nécessaire de laver exactement la pellicule de collodion, et vous n'avez rien à craindre au sujet de la poudre, elle ne se détachera pas. Si vous ne laviez pas suffisamment le collodion, l'eau sucrée dans laquelle vous l'immergez ensuite, serait promptement décomposée, et l'on sait avec quelle facilité les matières organiques mises en contact avec l'acide, donnent naissance à l'acide acétique.

Nous transportons donc, sur le verre qui soutient notre pellicule de collodion bien lavée dans une nouvelle cuvette remplie d'eau sucrée, que l'on filtre après chaque opération, car un grain de poussière interposé entre le collodion et l'émail, occasionne encore une tache blanche.

Le dosage de l'eau sucrée n'est pas à négliger.

Voici une moyenne qui se comporte bien :

Eau.	1000 grammes.
Sucre	200 —

Un séjour prolongé dans ce bain est inutile. Après quelques minutes, vous pouvez transporter l'image, la *poudre en dessous*, sur la plaque émaillée, qui ne demande aucune préparation préalable; il faut un peu d'adresse pour exécuter cette opération sans accident.

Vous glissez l'émail bien lavé (1) sous le collodion que vous maintenez au fond de la cuvette en appuyant un doigt sur le bord le plus rapproché de vous. Il faut éviter de porter le doigt trop en avant, car on ne doit presser que les parties du collodion qui sont sacrifiées. La pression du doigt détache la poudre.

Vous soulevez la plaque ou le médaillon avec une lame de cuivre recourbée et amincie du bout, que

(1) La plaque, avant tout lavage, doit être nettoyée avec du coton imbibé de *boratine*. Ce produit prépare l'adhérence de la pellicule sur le poli de l'émail, facilite la glaçure et la rend plus belle.

vous glissez entre le fond de la cuvette et l'émail. Ce dernier entraîne avec lui la pellicule, et vous ne le retirez tout à fait de l'eau, en le saisissant avec le doigt par le centre, qu'autant que le collodion a pris une position convenable et que le sujet est juste au milieu. Pour les portraits, le haut de la tête doit arriver aux deux tiers de l'émail.

Vous rabattez ensuite en dessous les parties qui dépassent, en ayant soin que vos doigts ne pressent la plaque que sur l'extrême arête, et n'empiètent pas sur la surface de l'émail; la poudre céderait sous la pression, et l'épreuve serait tachée sur ces points.

Il faut éviter les plis avec le plus de soin possible, ou, pour mieux dire, il faut les prévenir. Un pli quelconque amène une ligne blanche qui dépare l'image. Il ne faut pas se presser, mais rabattre en dessous le collodion dans le moins d'étendue possible à la fois. Vous tendez bien la pellicule, et vous posez le tout sur une feuille de papier buvard, soutenue par une surface plane résistante. Vous appliquez par-dessus une feuille de papier de soie, et avec du coton vous appuyez légèrement pour éponger l'eau; mais surtout pas de pression sur la première feuille. Remplacez ensuite le papier mouillé par un second, et quand l'émail vous paraît suffisamment dégagé d'eau, vous tamponnez toujours à l'aide du coton, mais alors sans crainte d'appuyer.

Cette pression, sur tous les points de la surface, mais principalement sur les bords, qui paraît de prime-abord insignifiante, est de rigueur, et voici pourquoi :

L'eau sucrée a pour but d'agglutiner la poudre d'émail sur la plaque qui est polie; si l'adhérence de la poudre d'émail n'était pas exacte dans tous les points de la surface, il se produirait des accidents forcés au moment de la destruction du collodion. Ainsi ne craignez pas de presser ce dernier, et ne laissez aucun point avant qu'il n'ait subi un tamponnage réitéré : vous perdrez votre épreuve si vous négligez ce détail. Si des bulles d'air s'interposent pendant l'application de la pellicule entre la plaque d'émail et le collodion, on aura soin de les piquer et de presser encore une fois l'épreuve sous le papier de soie. Il faut alors sécher l'émail, l'été en plein soleil et l'hiver sur un feu doux. Cette dessication doit être progressive. La pellicule, surprise par une chaleur trop vive, serait sujette à éclater; mais, sans l'aide du feu, le collodion fixé par l'eau sucrée ne sécherait jamais assez et les épreuves seraient détruites dans l'opération qui suivra.

L'émail une fois sec, nous passons à la destruction du collodion, car ce dernier s'écaillerait à la cuisson et entraînerait avec lui la poudre vitrifiable. Il est très-important, avant d'aller plus loin, de détruire les dernières traces d'humidité que pourrait renfermer le collodion; sans cette précaution le travail serait encore perdu, car l'acide sulfurique, en contact avec l'eau, produit un dégagement de chaleur suffisant pour désagréger la poudre et pour produire des points blancs sur toute la surface de la plaque.

VI.

DESTRUCTION DU COLLODION.

Il y a plusieurs méthodes pour détruire le collodion : on emploie l'acide sulfurique ou un mélange dont nous donnerons la formule en son temps.

Si on choisit l'acide sulfurique, et nous le conseillons, on en remplira une petite cuvette dans laquelle on placera l'émail. Après dix minutes, le collodion est détruit, et vous vous en apercevez facilement, car il se forme une auréole rouge brun autour de la plaque; vous retirez alors l'émail pour le plonger dans une cuvette pleine d'eau fraîche. C'est le moment critique, car si vous n'avez pas observé toutes les prescriptions que nous avons données, il se manifestera sur l'émail une foule de points blancs qui exigeront une retouche ennuyeuse et quelquefois l'image sera tout à fait perdue.

On comprend qu'il ne serait pas possible d'opérer ce déplacement de l'émail avec les doigts qui seraient brûlés par l'acide; mais ce danger ne se présenterait-il pas, qu'il faudrait renoncer, à partir de ce moment, à toucher la pièce avec la main. La poudre n'est plus maintenant protégée par le collodion, et le moindre contact la déplacerait.

C'est sur le support que vous descendez l'émail dans l'acide sulfurique, vous le retirez de même, mais avec précaution pour que l'image ne soit pas troublée; vous le descendez dans la cuvette d'eau avec plus de soin encore. L'acide sulfurique, sirupeux de sa nature, s'écoule lentement et par son poids maintient mécaniquement la poudre en place; mais il n'en est pas de même de l'eau. La poudre est obligée de passer plusieurs fois au travers de ce liquide, et l'eau en s'écoulant, plus fluide que l'acide, peut entraîner une partie du dessin. Il ne faut pas se préoccuper trop de ce qui pourrait arriver : avec du soin vous parerez à tous les accidents. Du reste, les accidents sont rares.

Si vous ne voulez pas employer l'acide sulfurique, qui est d'une manipulation dangereuse, vous prenez le mélange suivant pour dissoudre le collodion :

Essence de lavande.	100 grammes.
Essence grasse de térébenthine.	3 —

Il faut vingt-quatre heures pour obtenir un résultat. Si vous ajoutez à ce mélange 50 grammes d'éther et autant d'alcool, le collodion sera dissout plus vite.

L'émail doit être ensuite passé dans l'éther et abandonné à la dessication.

Nota. Nous conseillons au lecteur de renoncer à cette seconde méthode.

Nous préférons opérer à l'aide de l'acide sulfurique; le moyen est économique, rapide et sûr.

Nous sortons donc notre émail de l'eau, toujours sur la lame de cuivre, et nous le portons sur une feuille de papier buvard pour le laisser égoutter. Si on veut le cuire sans attendre, on peut mettre le buvard sur une lame métallique et le sécher sur une lampe à esprit de vin.

On peut suivre une autre méthode et laisser au feu le soin de détruire le collodion.

Il est cependant préférable de faire passer les émaux par l'acide sulfurique, quand on emploie, pour obtenir l'image, les poudres noires, brunes et rouges, capucines, qui ne sont pas attaquées par cet acide.

On a l'avantage de pouvoir débarrasser l'émail de tous les points noirs qui le déparent avant de le cuire.

Si on veut vitrifier des épreuves de couleur violette, rose, verte et bleue que l'acide chlorhydrique et l'acide sulfurique attaquent; si même, en employant les poudres noires, brunes et rouges, on ne veut pas détruire le collodion, on appliquera la pellicule directement sur l'émail et la poudre sera en dessus. L'eau sucrée sera remplacée par le bain suivant :

Eau.	1000 grammes.
Pépins de coing.	5 —
Eau saturée de borax fondu.	100 cent. cubes.

Nota. 5 grammes de borax par litre d'eau.

On trouvera la suite des explications dans le chapitre XII, qui traite de la *porcelaine*.

VII.

DE LA RETOUCHE.

Il est souvent nécessaire de retoucher un émail avant de le passer au feu, voici les moyens à employer.

Première retouche.

Il s'agit d'enlever les points noirs, d'éclairer les ombres trop prononcées; il faut quelquefois ou aviver le point visuel ou affaiblir des lignes trop accentuées. Tout ce travail se fait avec la pointe d'une aiguille fine.

Nous avons dit qu'en sortant de l'acide sulfurique l'émail devait être passé successivement dans trois cuvettes pleines d'eau fraîche. Toute trace d'acide doit disparaître. On le place ensuite à l'aide du support, sur une feuille de papier buvard, pour le laisser égoutter et on le porte près du fourneau, où il doit sécher tout à fait.

L'aiguille qui sert à éclairer, ne doit jamais traîner sur l'émail; les coups doivent être donnés perpendiculairement. La poudre ainsi attaquée se détache, et on la chasse en soufflant, vous jugez de l'effet produit par chaque piqûre.

On ne se douterait pas des résultats qu'on peut obtenir avec un peu de patience. Il faut essayer pour s'en convaincre; et sans être trop habile, on peut, par ce moyen, faire disparaître la ligne noire laissée par une positive qui se serait brisée pendant l'insolation.

On arrive à ce résultat plus promptement et avec plus de facilité qu'on ne le ferait dans une retouche de même nature faite sur une épreuve sur papier albuminé.

Nous continuons maintenant par la retouche des points blancs qu'il s'agit de recouvrir avec de la poudre d'émail.

Deuxième retouche.

Après la destruction du collodion dans l'acide sulfurique, il y a souvent quelques points blancs sur l'image. Tout grain de poussière organique interposé entre le collodion et l'émail fait un vide sur la plaque; la bulle d'eau et d'air que nous avons comprimée après l'avoir piquée, produit encore le même effet; un pli du collodion, si peu apparent qu'il soit, emprisonnant la poudre et l'empêchant de se fixer sur l'émail, donne naissance à une ligne blanche : ce sont ces vides qu'il faut remplir. Avant de commencer cette retouche, on chauffe légèrement l'émail.

Comme après la cuisson, l'émail doit offrir une harmonie égale de tons, la retouche doit se faire avec la même matière qui a produit l'image. On prend donc une pincée de la même poudre et on la broie sur une plaque de verre avec une molette de verre aussi, en l'humectant avec quelques gouttes d'eau sucrée (1).

Remarquons que la première poudre adhère sur l'émail, par l'intermédiaire du sucre et que si nous employons de l'eau sucrée à 15 0/0 comme la première fois, l'eau n'étant plus saturée, dissoudrait le sucre qui fixe la poudre primitive. Dans ce cas, nous nous exposerions à élargir la tache au lieu de la couvrir.

Il faut que l'eau sucrée dans laquelle l'émail à retoucher est broyé soit un sirop de sucre.

Comme l'aiguille, le pinceau chargé de poudre d'émail humide ne doit pas traîner sur l'épreuve. Il faut attaquer encore les points blancs par le pointillé et chaque coup de pinceau ne doit amener qu'un résultat à peine sensible. Trop de poudre mise à la fois empêcherait l'adhérence sur le glacé de l'émail; et si vous en surchargiez trop la tache, vous auriez après la cuisson le défaut contraire : pour effacer le point blanc vous auriez produit un point noir à la même place.

(1) Il vaut mieux se servir d'un petit mortier en agathe. La poudre qui sert à la retouche doit être broyée avec un soin minutieux. Différemment, elle n'adhère pas sur l'émail et se soulève au feu.

Nota. Il est préférable de ne retoucher les points blancs qu'après la cuisson. La couleur sera broyée avec 1/3 de fondant pour la rendre plus fusible. On se servira d'essence de térébenthine rectifiée, en y ajoutant un peu d'essence grasse.

Il y a encore un moyen de rattraper le ton, mais l'acide fluorhydrique qui est employé à cette fin est d'un emploi très-difficile.

A ce point, notre travail est complet et nous allons le fixer par le feu en le vitrifiant dans la moufle.

C'est le moment de placer quelques réflexions sur la production de l'émail photographique par des moyens autres que ceux que nous avons développés.

La méthode pratique, celle que nous décrivons, donne des résultats certains, et les quelques maisons qui exploitent commercialement l'émail photographique, quels que soient leurs prétentions, leurs prétendus secrets et leur manière de faire, n'opèrent pas autrement.

Nous n'avons garde d'avoir les prétentions de faire mieux. Notre but à nous est de répandre le procédé dans l'intérêt de la photographie. Mais si nous voulons y prendre la peine, nos produits

— 4 —

sont identiques, et si nous n'avions pas d'autre certitude, nous saurions toujours que les mêmes causes amènent les mêmes effets. Or, la simple inspection d'un émail, quand on a la pratique pour soi, permet de reconnaître facilement s'il a été fait par l'application de la poudre ou autrement.

Quoi qu'il en soit, il y a d'autres méthodes pour fixer sur le verre ou sur l'émail une image photographique vitrifiée.

Les résultats qu'on obtient en dehors de l'emploi des poudres sont loin d'atteindre la même perfection, et c'est pourquoi nous nous contentons d'en dire quelques mots pour mettre sur la voie ceux qui désireraient se livrer à ce genre de recherches.

Dès l'origine, et dans les notes mises sous les yeux de l'Institut par M. Lafont de Camarsac, nous voyons que l'habile opérateur, inventeur de l'émail pour mieux dire, avait compris que les sels métalliques qu'on emploie dans la décoration de la porcelaine pouvaient être incorporés au collodion, et que le feu, en détruisant la matière organique, mettait à nu le métal pour former l'image : rien n'est précis dans les indications dont nous parlons, mais c'est par ces moyens qu'il prétendait produire ses émaux.

Les vitraux de MM. Tessier du Motay et Maréchal de Metz, sont obtenus de cette manière, et les *Bulletins* de notre Société de Photographie, qu'on peut consulter, ont donné à ce sujet des explications incomplètes, quant aux manipulations, mais des données suffisantes pour mettre sur la voie.

D'après leurs notes, l'image au chlorure d'argent sans changer de support et développée au sel de fer, est renforcée dans des bains d'or, de platine, d'iridium, de palladium, etc. On la passe ensuite dans la moufle et les métaux se trouvent fixés à l'aide d'un fondant.

Nous n'avons fait jusqu'à présent que quelques essais dans ce sens, et nous conseillons à ceux qui veulent se rendre utiles à la photographie de poursuivre cette voie et de faire connaître les résultats obtenus.

Toute positive au sel d'argent développée au sulfate de fer ou à l'acide pyrogallique, peut être vitrifiée à l'aide d'un peu de borax en dissolution ou en poudre, et même sans fondant, et donner une image jaune, qui est la couleur propre donnée par le chlorure d'argent dans la céramique.

Si par voie de substitution ou d'addition vous renforcez d'un métal quelconque l'image produite, la couleur changera dans la vitrification, et vous obtiendrez une épreuve en or, en argent ou en platine, si vous employez les chlorures de ces métaux, en poussant suffisamment la fusion pour amener la réduction du métal. Il serait bon pour faciliter la réduction de faire intervenir une substance autre que le collodion.

Ces principes posés, les sels de cobalt employés au renforcement amèneront des images bleues, et en lisant plus loin les renseignements que nous donnons sur les oxydes colorants, vous pourrez produire la couleur qu'il vous plaira.

M. Grüne de Berlin opère de cette manière et produit des négatifs vitrifiés qui lui servent au tirage des positives.

Mais ce procédé, excellent pour le vitrail qui est vu par transparence, ne saurait, à notre avis, produire des épreuves par réflexion aussi belles que celles qui sont données par les oxydes métalliques appliqués au blaireau.

VIII.

VITRIFICATION DE L'ÉMAIL.

Chauffons maintenant le fourneau d'émailleur. En voici une description rapide : c'est un appareil fort simple et qui n'occupe pas plus d'espace qu'un fourneau de cuisine portatif, toute cheminée peut le recevoir.

Il faut peu de place et peu d'appareil pour cuire un émail, et on se crée trop de chimères sur cette dernière opération qui est la plus simple et la plus facile.

Nous avons offert plusieurs fois des émaux à des amateurs qui nous disaient : Mais sont-ils cuits, est-ce un véritable émail ce que vous me donnez? On s'imagine que cette opération n'est pas à la portée de tout le monde ; nous vous disons donc qu'un émail est plus facile à cuire à point qu'un œuf à la coque.

Le fourneau d'émailleur est en terre réfractaire ; il est composé de trois pièces principales : le corps du fourneau, la moufle et le couvercle. Il y a bien quelques pièces accessoires qui servent à boucher les ouvertures qui donnent passage à l'air quand on allume le feu, mais elles sont de peu d'importance.

Vous enlevez le couvercle pour charger le fourneau, et vous faites sur la grille qui termine le corps du fourneau un lit de copeaux, de coke et de charbon de bois. Vous allumez et vous replacez le couvercle surmonté d'une petite cheminée en tôle pour activer le tirage. Quand le coke et le charbon, qu'on a choisis de grosseur moyenne, sont bien allumés, vous retirez le couvercle pour placer la moufle.

La moufle a la forme d'un cylindre fermé par un bout, coupé dans sa longueur et dont on aurait pris la moitié. Il y deux sortes de moufles : la moufle ouverte qui n'a pas de base, et la moufle fermée qui n'est ouverte que sur le devant.

On peut se servir de l'une ou de l'autre indifférement : dans la seconde il y a moins de danger de brûler l'émail qui est d'autre part mieux préservé de la poussière; on badigeonne la moufle intérieurement, par surcroît de précaution, de minium délayé dans un peu d'eau. La première est plus simple, elle repose tout simplement sur le charbon lui-même qui forme la base, c'est dans la moufle ouverte que nous faisons cuire nos émaux; vous choisirez la grandeur et le modèle qui vous conviendront le mieux.

Nous ferons observer que la cendre qui tombe sur l'émail en fusion et que les pétillements du charbon ont soulevée, ne fait pas prise avec lui et qu'il n'en résulte aucune tache; c'est pour cette raison que nous choisissons la moufle ouverte dans laquelle l'opération est plus rapide.

Vous placez donc votre moufle, dans l'intérieur, sur des supports adhérents au fourneau et disposés pour la soutenir. Vous chargez alors le dessus de la moufle avec du charbon de bois et du coke comme précédemment, de manière à remplir les vides latéraux et à avoir au-dessus une épaisseur de charbon de cinq à six centimètres. Vous devez proportionner cette épaisseur à la quantité d'émaux que vous avez à cuire pour que le feu ne tombe pas tout à coup; il est vrai que vous pouvez l'alimenter en jetant du combustible en dessous et en dessus pendant l'intervalle de la cuisson d'un émail au suivant. Quand le fourneau est bien allumé, la moufle se trouve dans un centre régulier de chaleur, le feu l'enveloppe de tous les côtés. C'est le feu qui surplombe qui donne le glacé à l'émail. Il est donc très-important que le dessus de la moufle soit toujours chargé d'une couche très-épaisse de combustible bien allumé, le feu doit être modéré en dessous.

En renversant l'ordre que nous venons d'établir, l'épreuve s'altérerait dans le feu et ne glacerait jamais.

A ce moment, vous fermez toutes les ouvertures, et quand l'intérieur du fourneau a atteint la couleur rouge cerise, qu'il ne faut pas dépasser (on ne le peut guère du reste, sans luter l'appareil) vous portez l'émail dans l'intérieur en découvrant l'ouverture qui se trouve en face de la bouche de la moufle dans la disposition de four. Le résultat ne se fait pas attendre : il faut une ou deux minutes, plus ou moins, selon l'intensité du feu, pour cuire un émail dans la moufle ouverte.

Ici les yeux vous guideront d'une manière sûre. Voici ce qu'on doit faire et ce qu'il importe d'observer.

On commence par placer dans la moufle un rondeau de terre réfractaire, et on lui laisse prendre la température rouge cerise.

On pose d'autre part l'émail sur un autre rondeau. Les pièces sont nécessairement beaucoup plus grandes que l'émail, car on doit pouvoir les saisir avec la pince d'émailleur sans toucher à la plaque d'émail. Il faut avoir soin de placer cette dernière dans le milieu de la pièce en terre réfractaire, car si dans le feu la plaque émaillée dépassait, la partie qui ne porterait pas s'affaisserait par le ramollissement du cuivre et l'émail serait perdu.

On ouvre en ce moment la porte du fourneau dans lequel se trouve le premier rondeau, et on pose celui qui porte l'émail sur l'appendice ménagé exprès à l'ouverture de la moufle, pour chauffer la pièce à vitrifier, peu à peu, afin qu'elle ne se fendille pas par un changement subit de température.

On fait faire quelques tours à la rondelle, et quand on juge l'émail suffisamment préparé à recevoir le coup de feu, on saisit dans la moufle la rondelle chauffée au rouge cerise, en s'aidant de la pince d'émailleur, dite *relève-moustache*, on y fait glisser l'émail qui est posé sur le second rondeau et on le porte vivement dans le four.

On suit l'émail de l'œil pour le retirer au moment favorable, c'est-à-dire, au moment de la fusion. La vitrification est presque instantanée.

Cette opération n'est pas difficile, et vous ne brûlerez jamais deux émaux. Si, par inexpérience vous avez gâté le premier, vous ne pourrez perdre les autres que par distraction.

Au moment de porter l'émail dans le feu, la surface en est mate et terreuse ; vous devez le retirer quand il a pris du brillant et qu'il semble recouvert d'un vernis. Il ne faut pas attendre; on doit opérer lestement; il vaut mieux se tenir en deçà de la cuisson que de la dépasser.

On juge mieux en dehors du fourneau, et si vous n'avez pas atteint le point de fusion nécessaire, et c'est le manque de brillant sur l'émail qui vous en avertit, vous reportez la pièce dans le feu, et vous la poussez un peu plus. Quelques minutes suffisent pour cuire un émail, avons-nous dit, et cette inspection rapide que vous faites en dehors du fourneau pour juger du glacé de la surface émaillée, ne ralentit pas l'opération; l'émail reporté dans le feu reprend aussitôt sa première température. Vous ne devez donc pas le quitter des yeux, et lorsqu'il présentera une surface polie comme une glace, vous le retirerez promptement.

Il faut se défier de l'activité du feu après un premier passage à la moufle, souvent un quart de minute suffit pour compléter la vitrification qu'on n'avait pas jugée suffisante.

Il est rare que l'émail ne sorte pas parfait dans sa cuisson après cette seconde épreuve. On peut du reste la renouveler autant de fois qu'on le juge nécessaire et sans danger pour l'image.

Il ne faut pas craindre que la pâte d'émail en fusion abandonne le cuivre en coulant de la surface convexe qui le supporte. Les choses ne se passent pas ainsi. Il est cependant prudent de placer le rondeau qui soutient la pièce bien d'aplomb dans la moufle, en égalisant autant que possible le lit de charbon avec la pince. Il faut aussi le retirer du feu avec un peu de précaution.

Si l'émail est grand, relativement aux dimensions de la moufle, il faut, pendant la cuisson, le retourner dans tous les sens, et la partie qui fait face à l'ouverture doit, dans le mouvement, passer par le point opposé.

La chaleur est moins forte à la porte de la moufle et l'émail ne se glacerait pas également partout. Pour les petits médaillons, cette précaution n'est pas de rigueur.

Si, par défaut d'attention, vous laissiez l'émail trop longtemps dans le four, l'image *passerait*. Elle perdrait sa vigueur comme l'épreuve photographique trop virée, et vous n'auriez, après refroidissement, qu'une épreuve à peine accusée. Ce fait résulterait de la volatilisation des matières colorantes décomposées par la chaleur.

En retirant l'émail du feu pour le laisser refroidir,

vous devez prendre les mêmes précautions qu'avant.

La chaleur doit le quitter graduellement, et le passage brusque d'une température élevée à celle du laboratoire pourrait le faire écailler.

Vous le laissez donc, en le retournant, quelques instant sur le devant du four, et vous le portez après dans l'intérieur du laboratoire, sur un rondeau en terre cuite ou sur une plaque de métal, pour le laisser refroidir entièrement.

Ne soyez pas inquiets dans vos premiers essais, si vous ne voyez plus trace d'image ou à peu près, quand l'épreuve sort du feu ou même pendant la cuisson.

Toutes les matières vitrifiables blanches ou noires incandescentes, prennent le même ton, le ton cerise, qui est celui de la température du fourneau et de tout ce qu'il renferme. Les oppositions de couleurs ne peuvent donc plus être sensibles. L'image, régénérée par le feu, revient avec le refroidissement.

Le fond se montre d'abord d'un jaune sale peu agréable, mais au bout de quelques minutes, l'émail reparaît dans toute sa blancheur et dans tout son éclat. L'image terne s'est transformée dans son passage à la moufle, et vous retrouvez cette finesse et ce moëlleux qui charment dans l'émail.

Souvent l'émail, après le premier passage à la moufle, n'a pas tout le brillant qu'on pourrait désirer. On avive l'éclat en le frottant, quand il est froid, avec la ***brillantine*** qu'on prend sur un chiffon légèrement humecté. On essuie ensuite avec soin, car il ne doit rester aucune trace de cette matière sur la plaque.

On passe une seconde fois au four. Il suffit, pour que le glacé arrive, de chauffer l'émail au rouge sombre.

Si cette opération est renouvelée à chaque passage au feu, les émaux auront toujours un éclat extraordinaire.

On polit une dernière fois la pièce quand elle est entièrement achevée, en la lustrant avec la poudre à brunir, qu'on emploie comme la précédente.

IX.

DE LA TROISIÈME ET DE LA QUATRIEME RETOUCHE.

Nous n'avons pas fini avec la retouche. Mais au point où nous en sommes, elle est généralement de peu d'importance. Ce sont quelques coups de pinceaux à donner.

Au reste, la retouche n'est que l'accident. En conduisant bien les opérations et avec un peu de pratique, on produit les émaux dans des conditions telles que les accidents deviennent très-rares. Il en est de cela comme des autres travaux photographiques.

L'amateur surtout, qui n'a pas besoin de livrer son travail au jour fixe, peut éviter tous les ennuis en ne passant au feu que les épreuves qui ne laissent rien à désirer.

Ce n'est pas dans le feu que l'émail se tache, et la troisième et la quatrième retouche que nous sommes en train d'expliquer, sont le plus souvent amenées par les retouches antérieures.

L'émail, la cuisson à part, qui est l'opération la plus simple, s'obtient aussi facilement sans défaut qu'une épreuve sur papier, et le feu n'amènera jamais à retoucher.

Faites donc votre choix et ne vitrifiez que les épreuves qui vous paraissent parfaites. Mais il arrive cependant que l'amateur tient à certains effets qui sont le résultat d'une cause accidentelle; d'autres fois les clichés sont incomplets, et on ne saurait les refaire, le photographe lui-même est pressé dans ses livraisons. C'est pour parer à tout cela que nous donnons les moyens de corriger les épreuves défectueuses.

Nous ne voudrions pas laisser croire que la production de l'émail n'est possible que par la retouche et qu'il est amené par une série de corrections.

Nous supposons donc que malgré les soins que nous avons donnés jusques à présent à notre travail, il se trouve encore sur nos épreuves du blanc à ajouter ou du noir à supprimer.

Nous commençons par retoucher les parties blanches, et nous broyons un peu de poudre d'émail avec quelques gouttes d'essence de lavande et une pointe d'essence grasse.

La retouche se fait toujours en frappant avec la pointe du pinceau.

Il faut bien se garder à ce moment de prendre de la même poudre d'émail qui nous a servi jusqu'ici.

Cette poudre doit être modifiée et appliquée avec plus de réserve.

Pour bien faire comprendre la nécessité de cette modification, il nous faut entrer dans quelques détails sur la composition de la poudre d'émail.

La poudre noire qui nous a donné l'image fixée dans la moufle est composée d'éléments hétérogènes. Nous entrerons plus tard dans des détails précis en donnant les formules.

Il suffit, pour le quart-d'heure, de parler de ces deux parties principales, qui sont l'oxyde et le fondant.

L'oxyde, n'importe la nature du métal qui le produit, qu'il dérive du cuivre, du fer, du manganèse, etc..., est une matière inerte. Il ne joue dans la cuisson, sauf quelques cas, que le rôle de colorant, et dans les couleurs vitrifiables qui varient du brun au noir, dans celles, en un mot, qui sont le plus employées dans les émaux photographiques, le ton ne change pas au feu.

L'image, au sortir de la moufle, offre le même aspect que la poudre sous le rapport de la couleur. Le noir ou le noir brun ne sont pas sensiblement modifiés.

Les oxydes ou les poudres colorantes ont pour véhicule le fondement fusible qui, en se liquéfiant au feu, fixe l'oxyde sur la plaque d'émail en faisant corps avec elle.

Ces prémices posées, voici comment il faut attaquer la retouche après la cuisson.

En général, la poudre d'émail, que nous préparons, renferme deux ou trois parties de fondant pour une d'oxyde. C'est ce dosage qui est à modifier pour le besoin du moment. Vous devez ajoutez un tiers en plus de fondant, plus ou moins, à la poudre que vous broyez à l'essence pour la retouche.

Dans l'application de cette poudre, on doit rester au-dessous du ton général, si on veut avoir un ensemble régulier quand on a cuit définitivement pour fixer la retouche.

En effet, l'image primitive est formée par une couche de poudre sans profondeur, et comme elle existe déjà sur la partie que vous retouchez, si peu que vous en ajoutiez, vous dépassez presque toujours le ton, si vous voulez mettre d'abord le tout à l'unisson et surtout si vous n'avez pas ajouté le fondant qui diminue l'intensité de la teinte.

La poudre, comme on le voit, modifiée de cette manière, offre moins de matière colorante sous un même volume.

Dans ce cas, vous imitez le peintre d'aquarelle qui ajoute de l'eau pour affaiblir une teinte, et qui passe cette teinte sur les parties du dessin qu'il veut monter d'un ton ou d'un demi-ton.

Indépendamment de ce rôle, cette addition de fondant donne plus de brillant et accélère la fusion.

X.

EMPLOI DE L'ACIDE FLUORHYDRIQUE.
QUATRIÈME RETOUCHE.

On peut, quand l'émail est entièrement terminé, adoucir les traits trop accusés et unir les ombres en promenant sur la surface de l'émail un pinceau trempé dans un mélange d'eau et d'acide fluorhydrique. Cet agent attaque violemment les corps vitrifiés, c'est-à-dire la silice qui en est la base.

L'acide fluorhydrique est un liquide incolore qui répand à l'air des fumées blanches et qui se dissout dans l'eau en produisant un bruit pareil à celui du fer rouge trempé dans le même liquide.

Concentré, c'est le corps le plus corrosif que l'on connaisse.

On ne doit employer ce produit qu'avec les plus grandes précautious, pour deux motifs :

Il attaque d'abord fortement l'émail, et il peut occasionner, par son contact avec les mains, des brûlures profondes et difficiles à guérir (1).

On le conserve dans un flacon en gutta-percha ou en plomb, et les quelques gouttes qu'on prend pour les besoins du moment doivent être versées dans une capsule également en plomb ou en gutta-percha.

Voici un dosage convenable :

Eau.	100	grammes.
Acide fluorhydrique. . . .	10	—

On touche donc avec le pinceau la partie qu'on veut

(1) En cas de brûlure par l'acide fluorhydrique, on doit couvrir la blessure d'un linge trempé dans l'ammoniaque liquide coupé d'eau.

ramener, et on essuie sans attendre avec un chiffon, en épongeant et sans traîner, pour juger de l'effet produit. Le pinceau doit être épongé sur une feuille de papier buvard avant de toucher à l'émail.

Si on ne prenait pas ce soin, l'émail pourrait être attaqué sans qu'on s'en aperçût, car l'acide n'agit que sur la silice et pas du tout sur la poudre. Le travail s'opère en dessous, et rien ne paraît à la surface.

Ce n'est qu'en essuyant qu'on peut se rendre compte. La poudre détachée cède sous la pression du chiffon, et on voit ainsi si la partie est suffisamment éclairée.

Si vous n'opérez pas avec la plus grande prudence, vous aurez de larges pâtés blancs là où vous vouliez faire une correction insignifiante.

Nous ne conseillons qu'à regret l'emploi de l'acide fluorhydrique. Il vaut mieux se tenir en deçà quand on retouche au début après la première fusion, et y revenir plutôt à deux reprises avec la poudre d'émail, additionnée de fondant.

Nous n'avons pas besoin d'ajouter qu'il faut glacer l'émail au feu après chaque retouche. Ces corrections seront faites pendant que le fourneau est allumé.

On peut retoucher l'émail dès qu'il commence à se refroidir, et le remettre sans tarder dans la moufle.

On utilise avantageusement l'acide fluorhydrique sur les émaux manqués. Si la fusion a été poussée trop loin, et si l'émail est perdu, on fait disparaître toute trace d'image, en plongeant le médaillon dans cet acide dilué dans les proportions que nous avons indiquées.

On frotte avec un pinceau la surface de la plaque, et à mesure que la base est attaquée, la poudre qui n'adhère plus est enlevée par le pinceau.

Si on ne se servait pas de pinceau, l'émail pourrait être rongé jusqu'au cuivre, et on ne s'en apercevrait pas, car la poudre noire n'est pas déplacée par l'action de l'acide.

Nota. L'emploi de l'acide fluorhydrique est indispensable pour aviver les lumières après la vitrification.

XI.

DU COLORIS.

Depuis l'apparition de ce livre, nous avons fait de nombreuses recherches pour simplifier le coloris de l'émail photographique.

Des artistes de talent qui se sont mis à l'œuvre sont arrivés, après quelques essais, à des résultats auxquels ils ne s'attendaient pas. Ils ont compris l'importance d'une palette préparée par le chimiste, avec des couleurs qui ne diffèrent pas à l'œil des couleurs ordinaires, et qui, ne changeant pas au feu, conservent la valeur des tons et des demi-tons qui forment l'ensemble du coloris.

Cette palette a toujours été le secret des peintres sur émail et sur porcelaine, et en réalité ce genre de peinture, si le choix des couleurs est laissé à l'artiste qui avant essai ne peut en juger que sur l'apparence, offre en effet de grandes difficultés et requiert une longue pratique.

La difficulté subsisterait toujours si les pièces devaient être soumises à la cuisson prolongée des fours à porcelaine.

Mais le travail devient aussi simple que le coloris d'aquarelle, si toutes les couleurs vitrifiables ont été préparées par la même main en vue de ce travail, et si la vitrification se fait dans le four d'émailleur.

C'est dans le four à émail que nous devons cuire et la porcelaine et la plaque, et le feu fixera en quelques minutes toutes les nuances.

Nos couleurs, comme nous l'avons dit, ne diffèrent en rien à l'emploi de celles qui servent à l'aquarelle. Elles glacent toutes à la même température; et à ce degré, l'image qui fait le fond du dessin n'a rien à craindre ni d'un second, ni d'un troisième coup de feu.

Il faut donner aux tons un excès de vigueur. Les couleurs pâlissent légèrement. La moufle atténue les teintes comme le fait le virage dans les épreuves sur papier.

Il résulte de ce qui vient d'être dit, que toute personne qui sait conduire un pinceau peut attaquer l'émail sans hésitation.

Notre laboratoire étant ouvert gratuitement à tous, nous constatons chaque jour la surprise des peintres que la curiosité amène, et qui sont étonnés du peu de difficulté de ce genre de peinture.

Les spécialistes ont toujours fait un grand mystère de leur méthode. S'il y a secret, nos lecteurs seront initiés.

Si l'on voit peu d'émaux coloriés, c'est que la photographie fixée par le feu n'est pas encore assez répandue. Les quelques maisons qui se livrent spécialement à Paris, à la photographie sur émail, trouvent elles-mêmes peu de coloristes.

Nous pourrions en nommer qui ont accepté les travaux de nos élèves, et ces élèves avaient atteint la perfection après quelques jours d'étude.

Il faut avouer aussi que ces essais rapides étaient tentés par des mains habiles, qui n'avaient rien à apprendre chez nous que la manière d'employer les couleurs vitrifiables.

Ces détails tendent à constater que la peinture sur l'émail est à la portée de toute personne qui sait diriger un pinceau.

Sans être un grand artiste, le photographe habitué à la retouche peut aborder ce genre avec assurance.

Ce travail est d'autant plus commode, que le coloriste n'a pas à dessiner les traits.

La ressemblance est ici toute trouvée. Il s'agit simplement de suivre le dessin et d'appliquer des teintes plates en remplaçant le blaireau par le putois.

Le putois est un pinceau cylindrique et sans pointe. Toutes les teintes s'appliquent en tamponnant. On ne se sert du pinceau fin en martre que pour arrêter les lignes déliées, des yeux, de la bouche, etc.

La perfection, dans ce genre de peinture, dépend beaucoup de la qualité des pinceaux qu'on emploie, et du broyage intime des couleurs.

Les poils de putois et de martre doivent être exclusivement employés.

Les pinceaux en martre sont résistants. Les couleurs préparées à l'essence de térébenthine et épaissies par l'essence grasse exigent des pinceaux durs. Tout coloriste est tenu de broyer ses couleurs.

Les putois sont taillés en rond ou en biais, c'est-à-dire en pied de biche. Cette dernière forme, qui rend des services réels quand on décore les pièces de porcelaine dont les formes varient sans cesse, n'ont aucune utilité dans la peinture sur émail.

Le figuriste se munira d'une série de putois taillés en rond. Il en faut de toute grandeur; mais les plus petits serviront le plus souvent.

L'ensemble du coloris ne peut être fait qu'à l'aide du putois. C'est la méthode adoptée et la seule possible dans l'emploi des couleurs broyées à l'essence grasse. Il ne serait pas possible d'appliquer des teintes plates, comme on le fait sur le papier.

L'émail est un corps dur, et qui n'absorbe pas la couleur. Le putois, dirigé avec patience et précision, peut seul donner une couche régulière de couleur.

L'émail n'est colorié qu'après une première vitrification.

L'épreuve destinée à recevoir la couleur, doit être développée avec une poudre de couleur brune.

Il faut rejeter dans ce cas le ton noir ou noir bleuté.

On doit, avant l'application du coloris, s'assurer que toute la surface de l'épreuve est sortie entièrement glacée du premier feu.

Les couleurs préparées pour le coloris de l'émail, ne sauraient supporter un coup de feu violent; et comme elles ne peuvent être fixées que par une température moyenne, c'est-à-dire, quand le four commence à baisser, on n'arriverait jamais à glacer les grandes ombres qui seraient restées mates après le premier passage à la moufle.

Nous avons dit, que toutes les couleurs, qui servent dès le principe a obtenir l'image, devaient être broyées une seconde fois à l'eau, et que la finesse du dessin dépendait de la perfection du broyage.

Les couleurs destinées au coloris doivent subir la même opération.

On les broie avec une molette en verre sur une

glace dépolie, avec un peu d'essence de térébenthine additionnée d'une goutte d'essence grasse.

Il y aura toujours avantage à broyer d'abord les couleurs à l'eau, et de les reprendre à l'essence après dessication.

On prépare les couleurs à l'avance. Un décigramme de chaque ton suffit pour colorier une centaine de portraits. Il faut donc en préparer très-peu; mais le broyage doit être fait avec un soin minutieux.

La division moléculaire sera poussée aux limites extrêmes.

Cette condition est indispensable si l'on veut obtenir de grandes finesses. On doit renoncer à tous succès dans ce genre de peinture quel que soit le talent de l'artiste, si on ne veut pas se soumettre à ce travail préliminaire et ennuyeux.

Quand tous les tons sont préparés, on les pose dans les cavités d'une palette en porcelaine garantie par une enveloppe de fer-blanc.

Le couvercle de la palette porte une glace dépolie qui s'applique exactement sur la porcelaine.

Nous ne saurions trop recommander au coloriste

de garantir sa palette des atteintes de la poussière.

Le portrait sur émail est une miniature qui doit être retouchée à la loupe, et les corps étrangers, mêlés aux matières colorantes, entraîneraient après la cuisson, des retouches incessantes.

Il faut admettre en principe que l'émail, après le premier passage à la moufle, ne doit être remis au feu que le moins possible.

On évitera de mélanger certaines couleurs vitrifiables qui se détruisent les unes par les autres. Les jaunes, par exemple, rongent les rouges. On applique dans ce cas le premier ton, on cuit et on passe la seconde teinte qui est le complément de la première. On a ainsi, sans mélanger les deux couleurs, le résultat cherché.

Les couleurs brunes ou noires peuvent, sans inconvénient, être mêlées en toute proportion. Le vert peut sans danger être mêlé au bleu, mais on vitrifierait d'abord un ton rose, rouge ou carmin, avant de recouvrir ces couleurs d'une teinte verte ou bleue, si le cas échéait.

Il faut dans le coloris de l'émail, avant chaque passage au feu, faire un travail d'ensemble et renforcer, autant que possible, tous les tons fixés par la cuisson précédente.

La pièce à colorier passe en général trois fois au feu.

On renforcera donc à chaque cuisson les habits, les cheveux et les grandes ombres du visage.

L'équivalent de ces trois couches de couleur, appliqué d'un seul coup, ne glacerait que difficilement; mais la même couverture, mise successivement par tiers, sortira brillante du four à émail, et on aura profité de chaque coup de feu pour poser les teintes du visage qui ne résisteraient pas à un feu violent, nécessaire à la glaçure d'une couche épaisse.

Les teintes destinées à renforcer les habits et les cheveux sont, comme nous l'avons dit, appliquées au putois. On ne doit pas trop s'occuper de lumière, on peut toujours dégager les blancs avec le bois du pinceau taillé en forme de crayon. On les ramène, au besoin, après la vitrification à l'aide de l'acide fluorhydrique.

Dans les fonds qu'il faut refaire ou modifier, on ne doit pas se préoccuper des contours sur lesquels on empiète : le putois, par sa forme et son étendue, ne peut pas s'arrêter brusquement sur les lignes qu'il faut respecter; mais on a le soin, avant de fixer la couche, d'effacer, avec un chiffon roulé sur la hampe du pinceau, tout ce qui déborde de la teinte du fond, sur les contours du portrait.

C'est au figuriste surtout que nous nous adressons. Le coloris de la tête est le point délicat. Il est toujours facile de distribuer les teintes dans un paysage.

Dans l'émail, le blanc est supprimé de la palette.

Les lumières données par la poudre blanche sortiraient du feu avec un relief qui nuirait à la glaçure générale, c'est au fond qu'il faut demander ces lumières.

Il suffit de toucher les points qu'on veut éclaircir avec un pinceau trempé dans l'acide fluorhydrique, coupé de 5 ou 6 fois son volume d'eau.

Avant de poser le pinceau à acide sur l'émail, on doitl'éponger sur une feuille de papier buvard.

Le pinceau à acide, dès qu'il ne sert plus, est lavé dans l'essence. Il serait promptement détruit si on négligeait ce détail.

Pour bien diriger la pose des couleurs, on en met

une très-petite quantité sur la palette, et si la préparation n'a pas été faite davantage, on la broie à l'essence de térébenthine mêlée d'un peu d'essence grasse. On applique alors le putois sur la couleur étalée, et on fatigue le pinceau sur un émail blanc pour le décharger de tout excès de matière colorante.

Pour obtenir la teinte locale du visage et des mains, on pose une teinte générale de jaune et on passe au feu. Mais pour profiter de ce premier glaçage, on colorie les bijoux et on applique les grandes teintes vertes, bleues ou violettes.

On étend ensuite le rouge, toujours en tamponnant; mais avant le passage au feu, et avant que la couche ne soit sèche, on renforce cette première teinte par une couche plus foncée, sur les parties qui doivent être plus accentuées en couleur.

On mêle au rouge une pointe de carmin (1). On donne ainsi la fraîcheur aux pommettes et au menton. On doit, en appliquant la teinte jaune, et pour profiter du coup de feu, colorier les lèvres et les parties

(1) Au grand feu du four à porcelaine ce mélange ne serait pas possible.

qui exigent le ton rouge vif sans mélange de jaune.

On ne peut pas procéder autrement pour la teinte locale du visage. Le camaïeu rougeâtre, qui sort du second feu, est ensuite modifié par l'addition des autres couleurs.

C'est ainsi qu'on obtient la fraîcheur et l'harmonie. On reprend ensuite ce premier coloris. On revient avec un peu de carmin sur les lèvres et sur les joues. Il faut être très-sobre dans l'emploi de cette couleur, qui s'accentue vigoureusement au feu.

En dernier lieu, on pose le bleu à la racine des cheveux, au-dessous des yeux, dans les grandes ombres qu'on veut rendre transparentes.

On peut alors pointiller l'ensemble comme dans la miniature sur ivoire, si on le désire, mais le putoisé donne plus de finesse et l'opération va plus vite. On ne doit se servir d'un pinceau à pointe que pour dessiner les yeux, les lèvres et les lignes délicates qui déterminent les contours et qu'on veut renforcer ou modifier.

Nous n'avons pas l'intention d'écrire un traité de peinture, nous voulons seulement indiquer au lecteur les règles à suivre dans l'application des couleurs vitrifiables. Les quelques observations qui précèdent suffisent. On doit en tenir compte et suivre, pour le reste, la route indiquée dans tous les genres de peintures.

Les pinceaux trempés dans les couleurs broyées à l'essence, exigent beaucoup de soin. On évitera surtout de leur laisser prendre un faux pli. Ils seront lavés, après le travail, dans l'essence de térébenthine, et, après les avoir passés dans une eau de savon, on les rincera à l'eau fraîche.

On les essuie ensuite avec un chiffon sec.

Ces pinceaux s'améliorent par l'usage. On ne remplace pas facilement un bon putois.

XII.

DES VITRAUX.

Tout ce qui a été dit sur l'émail et sur la porcelaine, est applicable aux vitraux.

Ces épreuves transparentes peuvent être faites sur le verre ordinaire ou sur le verre opale.

La poudre d'émail doit être très-fusible, et fondre avant que le verre n'ait perdu sa rigidité. Nous avons ces poudres toutes préparées, mais on peut employer celles qui sont destinées à l'émail, en y mêlant un tiers de fondant.

L'emploi du collodion devient inutile, puisque on n'a pas de transport à faire, et que l'image est produite sur le verre même, qui supportera le feu de la moufle. Il ne faut pas craindre de développer vigoureusement le dessin, qui doit produire son effet par tranparence.

Après le développement, et quand la couche sensible a repris un peu d'humidité, on recouvre l'image au blaireau avec le fondant N° 2. L'épreuve disparaît sous cette couche blanche, mais la fusion rendra transparente cette enveloppe protectrice qui préserve le dessin de toute altération.

Nous vitrifions ces épreuves dans le four qui nous sert pour l'émail. Nous ne nous adressons qu'à l'amateur, en parlant des vitraux, quoique notre méthode puisse comporter une application industrielle.

Ce fourneau, qui peut répondre à tous les besoins, pour la décoration de la porcelaine, ne suffirait pas aux exigences du travail, dans une fabrique de vitraux.

Pour vitrifier l'épreuve développée sur le verre, on

doit avoir sous la main une plaque de fonte polie. C'est sur ce support que le verre sera porté dans la moufle. Un autre soutient ne remplirait pas le même but. Le verre en fusion contracterait toutes les rugosité d'un support qui n'aurait pas une surface lisse. En fabrique, la cuisson des verres peints est faite tout autrement. Le verre est placé verticalement dans le four. On le cuit aussi en le posant horizontalement comme nous le faisons. Mais nous ne pouvons pas régler le feu dans un appareil qui n'est pas construit pour cette spécialité. Nous aurons donc recours à la plaque de fonte.

Le verre est plus susceptible que la plaque d'émail. Un changement brusque de température le brise instantanément.

On prendra donc les précautions nécessaires avant de l'introduire dans la moufle. Il faut le chauffer graduellement. Après la fusion, on le portera vivement dans une moufle fermée.

La plaque de fonte sur laquelle la cuisson s'est faite, communique à la moufle une température suffisante pour le recuit.

La fonte doit être polie après chaque opération,

pour la débarrasser de l'oxyde de fer qui la recouvre.

Cet oxyde s'attacherait sur le second verre qu'on passerait au four et nuirait à la transparence de l'épreuve.

On peut, en vitrifiant le verre, donner au vitrail la forme que l'on désire.

On place le verre en équilibre sur un moule en fonte, affectant la forme ovale ou demi-cylindrique, le verre cédant au moment de la fusion, prendra la forme du support, et l'image ne contractera aucune déformation. C'est ainsi que procèdent les bombeurs de verre.

Il est un moyen facile de dégager le dessin sans préparatifs préalables, et de lui donner sur le verre une forme nette et déterminée, ronde, ovale, carrée, etc.

Quand l'épreuve a été recouverte de fondant et qu'elle est prête à cuire, on sèche la couche près du feu, et on applique sur le verre un calibre affectant la forme qu'on a choisie.

Avec un chiffon légèrement humide, on suit les contours du calibre, et la ligne qui détermine le dessin se trouve tracée avec beaucoup de précision. On nettoie la feuille de verre, et le dessin protégé par le calibre se trouve isolé au milieu du verre. On obtient des effets divers en se servant de verres colorés à l'avance. Ces verres sont doublés. La couleur n'est, en fabrique, appliquée que d'un seul côté. On peut donc protéger le dessin après la cuisson avec notre vernis spécial, établir des réserves sur la face opposée, et en plongeant ensuite le vitrail dans l'acide fluorhydrique, à 10 0/0, on peut, même sans coloris, obtenir trois nuances et multiplier les effets.

XIII.

PHOTOGRAPHIE SUR PORCELAINE.

Nous avons visité plusieurs ateliers affectés à la décoration de la céramique.

Nous y avons rencontré des chefs intelligents, des peintres habiles; mais chez les uns et chez les autres, l'ornementation par la voie photographique est en plein discrédit.

Quelques-uns cependant nous ont montré des spécimens qu'ils appréciaient fort. Mais ces résultats, à leur avis, étaient dus au hasard. En fin de compte, ils renonçaient à ce travail qui n'avait rien de précis et sur lequel il n'était pas possible de compter.

Nous adopterions volontiers leurs conclusions, si nous en étions à suivre leur méthode.

Une méthode incomplète a été condamnée dès l'origine, et on ne s'aperçoit pas qu'il se fait chaque jour de nouveaux progrès dans la voie que nous suivons. La photographie peut prétendre aujourd'hui plus haut qu'elle ne le faisait il y a dix ans.

On a du reste remarqué que les procédés que nous donnons sont sûrs. Ils sont le résultat des expériences des autres et de nos recherches personnelles. Nos livres ne sont pas des compilations stériles. Nous avons à cœur de déterminer les faits avec certitude.

Nous nous engageons donc à décorer, devant celui qui pourrait avoir des doutes, un vase quelconque en porcelaine. Si précieux qu'il soit, nous le garantissons. Nous obtiendrons, à chaque expérience, un glacé égal à celui de la pièce à décorer et une image bien venue. L'objet, à moins d'accidents imprévus, sortira toujours intact du feu et supportera le recuit sans se briser.

Nous prions le lecteur de partager notre assurance. Car en suivant nos explications, il deviendra bientôt lui-même, après essais, aussi affirmatif que nous.

Une chose n'est pas impossible, parce qu'elle n'a pas été faite, ou mieux, parce que la méthode n'a pas été franchement et loyalement donnée.

La photographie sur émail offrait, disait-on, des difficultés insurmontables. Le contraire est prouvé aujourd'hui, et la décoration de la céramique, reposant sur les mêmes données, doit être rangée au nombre de ces travaux qui sont d'une exécution courante.

Nous avions seulement touché à cette partie intéressante dans la première édition de ce livre, nous donnerons aujourd'hui tous les détails nécessaires, et nous sommes convaincus que les amateurs réussiront complètement dès les premiers essais.

La méthode diffère peu de celle que nous avons décrite précédemment et qui a l'émail pour objet.

On croit généralement que la porcelaine est décorée avant la cuisson : le cas existe cependant.

Le photographe ne doit s'occuper que de la porcelaine déjà cuite, quoique la photographie puisse toucher à tout, dès qu'il s'agit de dessin; il ne faut pas admettre cependant que toute impression lui incombe quand même, et qu'elle puisse lutter toujours avec avantage avec les méthodes anciennes.

L'industrie veille et progresse. Elle a imaginé des moyens expéditifs pour produire lestement et à bon marché.

Elle a recours à la gravure et à la lithographie, et des impressions polychromes tirées avec des encres vitrifiables, sur du papier à décalque, sont depuis longtemps instantanément reportées sur porcelaine et fixées sur le feu. Mais ces épreuves ne pourront jamais lutter avec celles qui sont données par les procédés photographiques.

Le photographe, perfection à part, est dépassé par l'imprimeur sous le rapport du prix de revient quand il s'agit de livrer au commerce une épreuve quelconque, tirée à des milliers d'exemplaires.

Mais le photographe est placé sur un terrain avantageux, si le tirage est restreint, car il ne faut que quelques secondes pour obtenir un cliché photographique, tandis que le dessin sur pierre est coûteux et que la planche de métal gravée exige du temps et des frais considérables.

L'industriel qui voudrait se livrer à la décoration de la céramique, se trouvera vis-à-vis du fabricant de porcelaine, dans le même cas que le photographe dans la lutte qu'il a à soutenir contre l'imprimeur.

Cette lutte, du reste, ne saurait être de longue durée, puisque la photographie commence à remplacer le burin et le crayon, et que la lumière peut déjà graver le métal et encrer la pierre.

Les décorateurs, à Paris, se bornent à décupler par l'ornementation, la valeur des pièces blanches qu'ils achètent en fabrique ou sur place. Nous ferons comme eux.

On choisira de préférence la porcelaine de Limoges. Dans le double passage à la moufle, exigé par le procédé, nous n'avons eu que très-peu d'accidents, et, dans ces cas mêmes, les pièces ne se sont brisées que par défaut de précaution.

Il faut très-peu de temps pour vitrifier un portrait sur une tasse à café, par exemple. Nous nous servons du fourneau d'émailleur, et quand ce fourneau fonctionne, on peut, dans dix minutes, achever l'opération. Les manipulations que nous avons indiquées pour l'émail s'appliquent à la porcelaine.

Ce n'est qu'au moment du transport que les modifications qui vont suivre, deviennent nécessaires.

Nous avons dit que l'épreuve collodionnée, au sortir du bain d'eau acidulée, était, après un lavage suffisant, transportée dans l'eau sucrée. Il faut substituer à ce dernier liquide un mucilage de pépins de coing, additionné de 20 pour cent d'une solution saturée de borate de soude fondu.

Cinq ou six grammes de pépins de coing, jetés à froid dans un litre d'eau, rendent le liquide suffisamment agglutinant. On peut l'employer après cinq minutes de macération.

Nous prenons donc :

Eau.	1000 grammes.
Pépins de coing	5 —
Eau saturée de borax . . .	200 cent. cubes.

Après filtration, on verse ce mélange dans une cuvette. On détache alors la pellicule de collodion de la glace, et on la fait glisser sur la surface du liquide.

On coupe un carré de papier blanc qui est glissé dans la cuvette sous la pellicule. Ce papier sert à soulever l'épreuve sans la froisser. On applique alors le papier sur la soucoupe ou sur la tasse qui doit recevoir l'image. C'est le collodion et non le papier qui doit être en contact avec la porcelaine.

Nous ferons observer, que nous opérons ici inversement à ce qui a été prescrit pour l'émail. On remarquera, en effet, que nous mettons la poudre en contact direct avec la plaque émaillée, et que dans ce cas le collodion se trouve en dessus; tandis que dans le transport sur porcelaine, c'est la pellicule de collodion qui touche à la porcelaine. La poudre qui forme l'image n'est donc protégée par aucune enveloppe, et sec ou humide, le dessin peut, avant le passage à la moufle qui le fixe, s'effacer sous le doigt.

Après le transport, on laisse sécher la pièce près du fourneau.

Dans l'émail, nous avons détruit le collodion dans l'acide sulfurique. Ce moyen ne serait pas applicable à la porcelaine dont les formes varient à l'infini, et qui, par leur volume, exigeraient des quantités de cet acide dangereux dans les manipulations.

Nous laissons au feu le soin de détruire le collodion. En plaçant les pièces dans la moufle chauffée au rouge cerise, le collodion brûle instantanément, et cette destruction n'amène aucun désordre dans le dessin.

Le succès de cette opération est dû au contact direct du collodion sur la porcelaine. Si la poudre d'émail touchait au subjectile, aucun dessin ne sortirait intact du feu.

Cette méthode peut, du reste, s'appliquer à l'émail comme on a pu le voir. Dans ce cas, il n'est pas nécessaire de détruire la pellicule. Nous préférons cependant le passage à l'acide sulfurique, qui permet une première retouche avant la vitrification. L'émail est plus susceptible que la porcelaine, et les points noirs qu'on enlève facilement avec la pointe d'une aiguille, résistent, après la vitrification, à toutes les attaques de l'acide fluorhydrique.

On doit éviter de détruire le collodion sur l'émail et opérer comme sur la porcelaine, quand les poudres ne peuvent pas supporter le contact de cet acide, il faut ranger, dans cette classe, le violet, le vert, le bleu et le jaune.

Après le transport, nous détachons délicatement le papier qui a servi de soutien à la pellicule. On laisse ensuite reposer l'épreuve pendant quelques minutes pour que l'eau en excès ait le temps de s'écouler, et quoique la poudre soit en dessus, on peut alors la presser contre le vase en porcelaine à l'aide d'un tampon de coton et en interposant, comme pour l'émail, une feuille de papier de soie, qu'il faut remplacer trois ou quatre fois. La dernière feuille ne doit plus contracter d'humidité sous la pression du coton.

Quand la pellicule est sèche, on taille avec un grattoir les bords du dessin pour lui donner la forme qui s'adapte le mieux aux contours du vase qu'on veut décorer. On peut encore enlever la poudre avec le doigt autour du dessin, et obtenir une épreuve dégradée. Ce travail est supprimé, si on a eu le soin de tirer le positif en dégradé. On porte ensuite dans la moufle.

La porcelaine est plus fragile que la plaque d'émail. La pièce se briserait, si on voulait la faire passer brusquement de la température ordinaire à celle du fourneau.

On la tient quelques instants dans le voisinage du feu. On la dépose ensuite sur un rond de terre réfractaire, et on la porte ensuite sur le haut du four, c'est-à-dire sur la cheminée même du fourneau. Au bout de quelques minutes, on la reprend avec la pince d'émailleur, et on la place devant la moufle. Il faut, pendant quelques instants, retourner la rondelle, et présenter au feu successivement chacune des faces du sujet. On introduit enfin la porcelaine dans la moufle et on ferme pendant quelques minutes la porte du four, contrairement à ce qui a été dit pour l'émail.

La poudre que nous employons pour développer l'image est plus dure que celle qui sert pour l'émail, mais elle n'a pas non plus la même composition que les produits employés dans les fabriques de porcelaine.

Aussi ne doit-on pas craindre de voir passer l'image au feu comme sur la plaque d'émail.

Cette poudre noire peut supporter longtemps le

feu de la moufle sans altération, et quelques minutes de plus de séjour dans le feu n'entraîne aucun accident.

On retire la porcelaine du feu quand elle a pris la température rouge cerise, et on la porte immédiatement sur la cheminée du fourneau.

Aussitôt qu'elle a perdu son premier feu et qu'elle a repris sa couleur blanche, la pièce est placée dans une moufle fermée. On peut la retirer après un quart-d'heure. On est alors sûr qu'elle n'éclatera pas au contact de l'air extérieur.

L'opération cependant n'est pas encore terminée. L'image adhère dès lors sur le glacé primitif de la porcelaine. Elle peut résister au frottement, mais elle manque de brillant. Elle se détache en mat sur l'ensemble du vase.

Les poudres d'émail que nous fabriquons pour cet emploi supportent très-bien le feu de la moufle. Elles sont assez fusibles pour être fixées par le feu du four d'émailleur, et pour résister au frottement nécessité par l'emploi de l'essence grasse qui doit retenir le fondant qu'on applique ensuite à l'aide du blaireau.

On doit attendre que la porcelaine soit tout à fait

refroidie pour commencer cette dernière opération.

On prend, à l'aide d'un chiffon, quelques gouttes d'essence grasse, et on l'étale sur toute la surface du dessin.

On essuie après, mais sans appuyer. Il faut enlever l'excès d'essence, et ne laisser du corps résineux qu'une couche égale et mince, capable cependant de retenir une enveloppe légère de fondant. L'image doit être recouverte d'un voile blanc presque transparent. On doit pouvoir suivre en quelque sorte les lignes sous ce réseau blanc, mais ne plus les voir.

Il n'est pas utile d'attendre que l'essence se soit évaporée. On peut immédiatement porter une dernière fois la pièce dans la moufle avec les ménagements que nous avons indiqués.

Il faut surveiller cette opération et retirer le vase en porcelaine aussitôt que le fondant a pris l'éclat de l'émail. Pour obtenir un beau glacé, le feu doit être vif, mais il ne faut pas d'excès.

La pièce, au sortir du feu, est posée une seconde fois sur la cheminée du fourneau, et ensuite dans la moufle fermée qui la met à l'abri des courants d'air.

Les peintres sur porcelaine, qui ne voudront pas se

borner aux épreuves monochromes, n'auront rien à changer ni à leur palette ni à leur méthode. Ils appliqueront directement le coloris sur la pellicule de collodion aussitôt qu'elle sera sèche.

L'épreuve que formera le dessous résistera parfaitement au grand feu des fours à porcelaine. Ils pourront ainsi produire à bon marché et livrer au commerce des dessins que le pinceau ne saurait produire.

Mais l'amateur et le photographe, qui n'ont pas l'habitude de ce travail, se serviront de nos couleurs plus fusibles, plus maniables, et fixeront leur coloris dans le four d'émailleur. Les couleurs seront, dans ce cas, appliquées sur la pellicule de collodion avant le premier passage de la pièce à la moufle.

XIV.

PLAQUES D'ÉMAIL.

N° 1.

Les plaques émaillées destinées à recevoir les épreuves photographiques, doivent être l'objet d'un choix tout particulier. La plupart de celles qui sont livrées par le commerce, sont fabriquées avec les matières mêmes qui devraient les faire rejeter.

Il y a deux sortes d'émail, le blanc et la pâte. Les

formules en sont données à la fin de cet ouvrage.

L'habitude fait reconnaître, à première vue, les cuivres recouverts de l'un ou de l'autre de ces deux produits.

Les plaques émaillées avec le blanc sont plus unies, plus blanches et toujours sans piqûres.

Les autres ont moins d'éclat. La surface n'est pas toujours sans défaut, mais leur supériorité est incontestable à l'emploi. Les cuivres recouverts de blanc seront donc écartés du laboratoire.

On ne doit pas non plus accepter la pâte sans choix. La fusibilité en est plus ou moins grande. La pâte doit être dure, mais sans excès, et fondre à une température de 800 à 1,200 degrés.

On choisira ou on préparera une poudre d'émail fusible, au même degré que la plaque qui la reçoit. La concordance doit être exacte, différemment le résultat serait presque toujours compromis.

Les maisons spéciales, seules, peuvent offrir ces garanties à ceux qui veulent se livrer à la photographie sur émail.

Chaque fonte de pâte exige des essais : car la poudre d'émail, qui est dans un rapport exact avec la fonte qui a précédé, doit subir souvent des modifications profondes pour fonctionner normalement, sur les cuivres émaillés avec le nouveau produit, préparé cependant avec les mêmes éléments et suivant le même dosage.

Dans la fonte de l'émail, l'exception est souvent la règle. Il faut reprendre le travail en sous-œuvre, ce n'est que par des essais réitérés qu'on peut amener un résultat constant. Dans cette incertitude, l'expérience est le meilleur guide, et le fabricant ou l'amateur qui le remplace doit, dans ce cas, usurper le rôle de l'artiste.

Il ne sera certain de la bonne préparation de ses produits, qu'autant que les épreuves qu'il retirera de la moufle, auront conservé toutes leurs demi-teintes et que les noirs intenses ne laisseront rien à désirer sous le rapport de la glaçure.

Nous ne reviendrons pas sur la fabrication de la poudre d'émail, dont il a été parlé dans ce livre, dès la première édition. Mais nous exposerons la méthode de fabrication des plaques émaillées.

Nous avions gardé le silence sur ce point important, mais nous répondrons aujourd'hui aux demandes nombreuses qui nous ont été adressées.

Voici ce qui se fait dans nos ateliers.

Nous ne craignons à ce sujet aucune concurrence, et nous avertissons le lecteur qu'il est plus difficile de produire une belle plaque d'émail sans défaut, qu'une excellente épreuve sans retouche.

Il faut avoir dans l'atelier et sous la main :

1° De la pâte blanche en pain. Nous l'expédions à ceux qui nous en font la demande. (*Email blanc opaque.*)

2° Du cuivre vierge laminé, de l'épaisseur d'une feuille de papier. Il doit être plus fort pour les plaques de 8 à 10 centimètres.

On s'assure de la pureté du cuivre par un essai préalable.

On chauffe à cet effet le fourneau d'émailleur au rouge cerise, et on introduit dans la moufle une lame du métal à essayer.

Si une flamme d'un blanc bleuâtre se développe, le cuivre renferme un alliage de zinc, il est impropre à la fabrication. Cette flamme est produite par le zinc qui se volatilise.

La pâte étalée sur ce métal inférieur se fendillerait

au feu, et les quelques pièces qu'on pourrait réussir, ne résisteraient pas à un second passage à la moufle. En brisant la couche émaillée qui enveloppe le cuivre, on remarque une couche d'oxyde de zinc entre le métal et la pâte.

Si, dans le même essai, le fourneau dégage une flamme verte, on peut être sûr de la pureté du cuivre, et en brisant dans ce dernier cas la plaque d'émail après la vitrification de l'image, la croûte vitrifiée se détache de son support, et le métal brille de son éclat naturel. Certes, la chimie offrirait une méthode plus scientifique pour s'assurer de la pureté du cuivre. Mais la science n'est pas à la portée de l'ouvrier; et nous avons vu souvent le travail arrêté et la matière première perdue, parce qu'on avait négligé cet essai si facile à faire.

L'émailleur est souvent arrêté comme le photographe, il ne produit pas; il perd son temps, et nous en avons eu plusieurs ouvriers qui attribuaient leur insuccès à l'influence lunaire, même lorsque le cuivre était allié à deux dixièmes de zinc.

3° Celui qui ne veut fabriquer des plaques d'émail que pour ses besoins, peut se passer de matières et d'emporte-pièces. Il peut tailler le cuivre en ovale avec des ciseaux ordinaires, et donner la forme convexe, en s'aidant d'une spatule en acier poli. Le cuivre taillé est dans ce cas, appliqué dans la concavité d'une plaque d'émail déjà faite qui sert de forme.

4° Le pilon et le mortier dans lequel on concasse l'émail blanc doit être en agate. Mais l'onyx étant d'un prix élevé, nous conseillons de se servir simplement d'un mortier en verre, assez épais pour résister au choc.

5° On doit se munir de plusieurs spatules en acier poli. Les plus petites peuvent être en cuivre.

La plus grande spatule qui doit être en acier, ne doit pas excéder un centimètre dans la partie plate. Ce sont les ouvriers émailleurs qui fabriquent eux-mêmes ces accessoires sans importance.

Il suffit, par exemple, d'aplatir un fil de cuivre et de polir la partie écrouie qu'on doit recourber légèrement pour avoir un instrument convenable.

6° Quelques lambeaux de toile assouplie par l'usure complètent l'outillage qui est fort simple comme on le voit.

N° 2.

Broyage de la pâte d'émail.

La pâte d'émail est d'abord concassée dans le mortier en agate ou en verre sous une couche d'eau qui arrête les éclats. On la divise par le choc autant qu'on peut le faire.

On commence le broyage quand les fragments sont assez tenus pour faciliter cette opération. La pâte n'est broyée que par petite quantité.

On croit généralement qu'il faut réduire l'émail en poudre impalpable. C'est une erreur, car on ne réussirait jamais une seule plaque avec une matière trop divisée.

La partie grenue est seule employée.

En broyant, on lave continuellement le grain qui se forme sous le pilon, et on rejette les parties trop légères qui forment boue au fond du mortier.

Le résultat du broyage doit offrir à l'œil un grain régulier pareil à celui du sable de rivière. On lave une dernière fois avec de l'eau légèrement acidulée, pour éliminer complètement les parties fines qui pourraient rester dans la masse, et qui amèneraient des bulles ou des bouillons au moment de la vitrification.

Un dernier lavage est indispensable pour rendre la matière neutre. L'acidité est antipathique avec la glaçure, et c'est pour le même motif que nous avons conseillé des lavages réitérés et minutieux, quand la poudre ou la plaque ont été mises en contact avec un agent acide.

Le cuivre, préalablement formé, doit supporter deux apprêts avant de recevoir la pâte.

Les pièces sont décapées dans l'acide azotique étendu d'eau. On les passe ensuite à l'eau fraîche sans arrêt, dès que l'éclat du métal s'est révélé sous l'attaque de l'acide.

On rince dans plusieurs eaux, et on jette les cuivres dans une boîte pleine de sciure de bois, où elles sèchent en peu de temps.

On reprend ensuite les formes en cuivre pour les passer dans la moufle portée au rouge cerise. On les range en file sur un support en tôle recourbée, pour les oxyder. Cette opération est de toute nécessité.

On surveille attentivement les pièces qu'on prépare, et quand elles ont pris dans le feu la couleur jaune orange, on les retire pour les couvrir de pâte après refroidissement. Il n'est pas nécessaire que le ton jaune orange soit régulièrement distribué sur toute la surface. L'oxydation de couleur bleue ou grise donne des résultats tout aussi bons.

Les émailleurs en cadrans de montre n'opèrent pas de la même manière que l'ouvrier en plaque. Ils laissent tomber le blanc sur les pièces à l'aide d'un tamis. Une seule couche suffit pour obtenir un glacé régulier et sans ondulation.

Le blanc d'émail mis à l'état humide sur le cuivre et égalisé à la spatule, comme nous allons le dire, donnerait aussi une surface brillante et une plaque sans défaut, une seule couche suffirait. Mais nous avons prévenu le lecteur, que ce produit que l'industrie peut livrer à bon marché, doit être rejeté par le photographe. Le blanc en plaque suffirait pour discréditer le procédé. Il peut être comparé au papier photographique de mauvaise qualité.

Les difficultés rencontrées dans le travail qui

nous occupe, naissent toutes du peu de soin qu'on met à choisir le subjectile. On ne s'aperçoit que tard, qu'on paie trop cher ce qui coûte bon marché. Il faut dire aussi que le producteur, en présence d'une industrie nouvelle, ignore souvent lui-même l'usage auquel les produits sont destinés.

La pâte est plus difficile à employer. Nous donnons ces renseignements à l'industrie, parce que nous croyons notre livre utile.

Il faut généralement deux ou trois couches de pâte pour obtenir une bonne plaque.

La première application de l'émail n'est, pour ainsi dire, qu'un apprêt qui dispose le métal à recevoir la vraie couche qui est la seconde. Il ne faut pas oublier que le cuivre doit être recouvert sur les deux faces. On commence par le dessous et on cuit.

On reprend ensuite la pièce, quand elle est refroidie, et on émaille le dessus. On passe une seconde fois à la moufle.

On doit surveiller les deux couches qui enveloppent la feuille métallique. Il faut une même épaisseur en dessus et en dessous. L'émail doit opposer une résistance égale en tout sens à la dilatation du métal.

Si cette règle n'est pas observée, les plaques se fendillent au premier ou au second feu.

Pour couvrir la plaque de pâte d'émail, on se sert d'une spatule et d'un godet en porcelaine.

Le godet reçoit une petite quantité d'émail, qui est prise dans la réserve, mise sous l'eau à l'abri de la poussière.

On recouvre cette portion de pâte, déjà humide, d'un mucillage de pépins de coing.

La pâte en grain n'est pas noyée par le liquide comme le plâtre dans l'eau. Le grain dur et serré de l'émail n'est pas absorbant. Mais si l'eau était en excès, on aurait quelque peine à couvrir la spatule.

On charge la partie plate de cet outil de pâte d'émail, et on la porte sur le cuivre en égalisant la couche adroitement.

Cette opération est assez délicate, car le grain, privé de toute propriété plastique, ne s'étale pas facilement.

La couche mise en place est épongée avec un chiffon de toile qui absorbe l'eau.

Il est rare que la toile, si légèrement qu'elle soit

appliquée, ne trouble pas quelques points de la surface. On répare le désordre une première fois avec la spatule, et on recommence, à plusieurs reprises, la même opération jusqu'au moment où la couche se trouve à la fois presque sèche et bien unie.

On porte enfin la pièce près du four. La couche d'émail doit être privée de toute espèce d'humidité, avant d'être soumise à la fusion.

Il ne faut, du reste, que quelques minutes pour que la dessication soit complète.

On dispose alors délicatement les plaques pour les porter dans la moufle. L'émail en grain n'a pas une grande fixité. Le mucillage seul maintient le tout en place. Il faut y toucher avec précaution, si on ne veut pas que la pâte d'émail n'abandonne son support.

On range les formes en file sur une tôle mince, repliée en forme de V, dont la base repose sur une rondelle de terre réfractaire. La tôle est maintenue en équilibre par un moyen quelconque. On porte ensuite les formes dans la moufle. Le feu doit être vif. L'éclat rouge cerise tirant sur le blanc servira de règle. La couche doit être surprise par le feu. La fusion s'opère en quelques minutes, et on défourne quand la surface de plaque se montre brillante. Les grains sont alors soudés ensemble par la fusion.

Après le premier feu, la couche est irrégulière. Mais nous obtiendrons un meilleur résultat par l'application d'une seconde couche d'émail.

Après le premier feu, les plaques sortent du four, souvent piquées par une quantité plus ou moins grande de bouillons. Ce sont des bulles d'air qui, en s'échappant du fond de la nappe en fusion, percent la couche. Le cuivre reste à nu sur ces points. Ces bulles d'air s'élèvent quelquefois jusques à la surface sans crever.

Avant de recouvrir les plaques d'une seconde couche d'émail, on doit corriger ces imperfections. On perce les bouillons avec un poinçon d'acier, sans craindre d'élargir le vide laissé dans la couche, et on replâtre pour ainsi dire ces irrégularités, en se servant d'une sputale fine comme un bec de plume. On force la pâte d'émail à pénétrer jusques au cuivre. On cuit une seconde fois, pour opérer la soudure. L'opération est la même pour la seconde couche qui doit être appliquée sur les deux surfaces de la plaque.

Si des bulles nouvelles se forment, on y remédiera comme nous venons de l'expliquer.

On recouvre au besoin l'émail d'une troisième couche, si les deux premières opérations ne donnent pas un résultat complet.

XV.

DE LA POUDRE D'ÉMAIL.

La poudre d'émail (nous en donnerons plus tard la composition intime dans un chapitre spécial), doit être soumise à un traitement particulier avant d'être employée.

Vous ne devez pas vous en servir telle que nous la livrons. Il est difficile, du reste, d'en rencontrer de bonne qualité, à moins de la demander dans une maison spéciale, et encore faut-il qu'elle soit préparée et essayée par un chimiste qui en connaisse l'emploi, et surtout l'emploi en photographie.

Nous ne parlons, pour le moment, que de la poudre qui doit servir aux émaux monochromes, et qui doit posséder certaines qualités dont l'absence ne serait pas nuisible dans la peinture au pinceau, et même pour la retouche.

En effet, telle poudre d'émail dont le degré de fusion est réglé sur celui du support émaillé qui doit la recevoir, et dont la nuance plaît après essai sur montre, est d'un emploi difficile et même impossible pour l'émail photographique.

L'émail qui nous occupe, est soumis à d'autres règles que la peinture sur porcelaine.

Dans la décoration de la porcelaine, il suffit que la couleur soit fusible au degré voulu, que la nuance soit propre à l'emploi, pour qu'on puisse l'adopter et s'en servir. Mais pour l'émail photographique, les qualités qui sont également requises ne suffisent plus.

Elles sont subordonnées à une propriété indispensable dont nous allons parler, et sans laquelle les meilleures poudres ne sauraient être employées.

Toute poudre d'émail qui n'adhère pas facilement sur la surface insolée, doit être rejetée. Voici comment on peut la juger bonne ou mauvaise.

Préparez une glace, développez l'image à la plombagine, si le dessin sort bien, vous êtes certain et de la pose et de la qualité du collodion.

Renouvelez l'expérience avec le même temps de pose et le même cliché positif. Si le résultat n'est pas le même, vous devez rejeter la poudre d'émail, à moins que vous ne soyez pas dans les conditions que nous allons expliquer.

Comme nous l'avons dit, la meilleure poudre a besoin d'une préparation préalable.

Si fine qu'elle soit quand elle vous est livrée, elle doit subir un dernier broyage, la porphyrisation.

Cette opération étant longue et ennuyeuse, nous vous engageons à n'opérer que sur quelques grammes à la fois, 10 grammes par exemple : il en faut très-peu d'ailleurs pour produire une série d'émaux.

Vous procédez au broyage non pas sur un verre, mais sur une glace dépolie de quarante centimètres carrés, plus ou moins. Il faut de la place pour que le broyage soit facile et bien fait.

Vous mouillez la matière vitrifiable avec un peu d'eau, et prenant une molette de verre, vous décrivez des cercles, comme le fait le marchand de couleurs, pour la préparation de ses produits.

Il ne faut pas craindre de trop bien faire. Ce travail doit être poussé jusqu'à ses dernières limites. Si votre poudre n'est pas tout à fait impalpable, vous n'obtiendrez pas de finesse, et vos épreuves laisseront beaucoup à désirer.

La poudre d'émail doit être réduite à un tel état de division, que vous devez obtenir, en la mouillant avec quelques gouttes d'eau pour faire une teinte plate, la même finesse de grain qu'en prenant un bâton d'encre de Chine ou de sépia.

Il est vrai de dire cependant que la poudre d'émail vous est livrée presque impalpable, et qu'elle a subi la lévigation. Le travail est à peu près fait, mais si tenus qu'en soient les grains, broyez encore, nous n'insistons pas sans raison.

XVI.

DE LA NATURE DE L'ÉMAIL
ET DE SA COMPOSITION CHIMIQUE.

Les notions et les formules que nous donnerons dans ces derniers chapitres s'écarteraient un peu du domaine de la photographie, si cette découverte n'avait pas des applications sans limites, et si cet écrit ne s'adressait qu'à ceux qui veulent produire l'émail photographique monochrome.

Mais nous croyons être utiles et agréables à un certain nombre d'opérateurs, qui jugeraient inachevée notre tâche, fort modeste du reste, si nous ne donnions pas des notions complètes sur la nature et sur la composition de l'émail. Toute explication brève mais précise, en rapport direct avec un travail quelconque, a son utilité, et tel qui commencera l'émail, cherchant dans cette ingénieuse application de la photographie un but de distraction, trouvera peut-être par lui-même ce qui est ignoré jusqu'à ce jour, et élargira par ses observations personnelles le cercle déjà grand qui inscrit les faits acquis à la photographie.

Nous nous plaisons à dire en passant que cette découverte, née d'hier, a donné une impulsion nouvelle à la chimie; d'abord en déplaçant son cercle d'action, et en forçant par son attraction chacun à y toucher plus ou moins. Elle a entraîné les savants à étudier les propriétés particulières de certains corps qui avaient échappé jusque-là à l'œil attentif du chimiste.

Une observation nouvelle, un phénomène inobservé qui se révèle tout à coup, peut plus tard, s'il est noté, prendre des proportions inattendues dans les mains d'un second ou d'un troisième observateur, amener des revirements complets dans la science et dans les arts, et donner des résultats industriels et sociaux qui ne se seraient pas produits dans la donnée première.

Dans la photographie elle-même, c'est Scheele qui fait en 1787 la première observation sur la sensibilité des sels d'argent. Sans les expériences de ce chimiste, M. le docteur Hooper n'aurait probablement pas donné, quelque temps après, un procédé pour tracer des caractères par l'action de la lumière. Ni ces observations, ni celle de Humphry Davis, de Weedgwood, ni même les travaux plus récents et plus précis de Nicéphore Niepce, qui obtenait l'image à la chambre noire, ne constituaient la photographie.

Daguerre profita des travaux faits par ses devanciers et donna une méthode pratique, modifiée encore depuis, mais qui fixait la véritable découverte.

C'est Ampère qui nous a donné la télégraphie électrique, mais avant lui Arago avait observé l'influence des courants sur les corps non aimantés. Avant ce dernier, Ærsted avait remarqué le même phénomène sur l'aiguille de la boussole. Nous remonterions ainsi à

Volta, à Dufay, à Galvani, à Buschenbroëk, à Otto de Guérike et plus loin encore.

Un fait donc en amène un autre. Mais pour bien observer, il importe de connaître la théorie qui doit nous guider, et les matériaux que nous employons. C'est pour ces motifs que, dans ce livre, nous nous sommes quelquefois écartés de la partie purement pratique, et que nous croyons utile d'entrer dans quelques détails sur l'émail considéré dans ses propriétés chimiques.

Nous avons jusqu'à présent parlé de la matière vitrescible, nous l'avons même employée sans la connaître. Comment pourrions-nous faire des remarques utiles si nous en restions là.

D'autre part, si la première moitié de cet écrit convient au peintre sur porcelaine, qui n'est pas initié aux manipulations photographiques, l'amateur et l'artiste, qui ne se sont jamais occupé de vitrification, trouveront peut-être dans ce qui va suivre des renseignements précieux.

Les écrits sur la matière sont rares, et nous ne connaissons aucun ouvrage, excepté des notes éparses, qui traite de l'émail photographique et des poudres colorantes, vitrifiables à ce point de vue.

Nous croyons donc utile d'entrer dans quelques détails sur les propriétés générales de l'émail, et de fournir dans des notes que nous reporterons à la fin du livre, les moyens de composer de toutes pièces les couleurs vitrifiables, quand l'opération peut se faire facilement dans le laboratoire ; dans d'autres cas, de rendre la matière première propre à l'emploi qu'on veut en faire. La théorie générale peut s'appliquer à toutes les couleurs, mais les notes ne porteront que sur les noirs, les bruns, l'or et l'argent.

Notre cadre restreint ne nous permet pas de nous occuper de la fabrication de toutes les couleurs vitrifiables employées dans la céramique. Pour les renseignements qui manqueront, on s'adressera aux traités spéciaux.

Nous donnons à la suite une palette complète. Chaque couleur a été essayée et rend ce qu'on doit en attendre. Mais nous nous bornons là, nous ne voulons pas sortir des limites fixées par les besoins de la photographie.

L'émail est un verre incolore auquel on incorpore des corps opaques.

Ces corps opaques sont des oxydes métalliques qui entrent dans l'émail, tantôt à l'état de simple mélange, conservant leur couleur propre, comme l'oxyde de fer; tantôt à l'état de combinaison. La couleur, dans ce cas, résulte d'une action chimique amenée par la chaleur.

L'émail, proprement dit, ou le fondant, joue le rôle du collodion photographique non sensibilisé, qui ne sert qu'à emprisonner plus tard et à faciliter la répartition égale d'une couche d'iodure d'argent.

Nous ne parlerons pas des qualités de l'émail, qui doit présenter une surface brillante et posséder une dureté suffisante qui le mette à l'abri de l'action de l'air, de l'humidité, dureté qui doit le garantir du contact des corps avec lesquels il peut être en rapport.

Les matières qui peuvent entrer dans la composition du fondant sont :

Le sable au quartz,
Le feld-spath,
Le borax,
Le nitre,

Le carbonate de potasse,
Le carbonate de soude,
Le minium,
L'oxyde de bismuth.

La plus ou moins grande fusibilité du fondant tient à la composition des matières qu'on emploie et aux proportions dans lesquelles on les mélange.

Il faut partir de ce principe que la silice et la chaux augmentent la dureté de l'émail et rendent le fondant moins fusible, tandis que la potasse, le feld-spath, le borax, les oxydes de fer et de plomb et les bases multiples amènent le résultat contraire.

Quand on n'est pas initié aux secrets de la céramique, on s'étonne du nombre et de la variété des fondants nécessaires à la vitrification des couleurs.

Un seul fondant général suffit pour les émaux photographiques monochromes. . . .

Cette multiplicité de fondants n'est nécessaire qu'en raison du degré de dilatabilité des différents émaux, dilatabilité qui doit être en rapport avec celle du subjectile. Mais l'émail photographique est généralement de dimension fort restreinte, et il est permis de ne pas se préoccuper trop de cette concordance.

Si on voulait appliquer l'émail à l'industrie et à la décoration de la céramique, il serait bon de s'adresser aux ouvrages qui traitent spécialement ce sujet, et de parer à certains accidents que nous n'avons pas à craindre dans la sphère de nos travaux.

Le fondant ou l'émail transparent, avons-nous dit, est un verre d'une grande fusibilité. En prenant par conséquent le dosage d'un verre quelconque doué de cette propriété, nous aurons un fondant très-convenable et que nous emploierons avec succès.

Voici la formule du flint qui réussit très-bien :

Sable	300	grammes.
Minium	300	—
Nitre.	10	—
Potasse	150	—
Acide arsénieux	0,45	—
Oxyde de manganèse. . . .	0,60	—

Prenez donc chez l'opticien les verres de rebut et les débris de flint, et vous aurez sous la main, sans autre travail que celui du broyage, et sans fusion préalable, le véhicule requis pour vos couleurs.

Vous n'aurez plus qu'à ajouter les oxydes métalliques dans les proportions de :

Flint ou fondant	3 grammes.
Oxydes.	1 —

Vous pourrez au reste choisir dans les fondants dont les formules suivent.

Ils sont tous dans les conditions que vous pouvez désirer. Si vous ne voulez pas, du reste, entrer dans tous ces essais pour en adopter une, vous trouverez toujours ailleurs ou chez nous des poudres qui vous seront garanties. Mais, nous l'avons dit, nous écrivons dans ce moment pour ceux qui veulent tout faire par eux-mêmes, et qui ne sont pas ennemis des recherches pénibles mais attrayantes.

N° 1.

Fondant rocaille.

Silice (pierres à fusil, calcinées et broyées).	3
Oyxde de plomb	8
Borax calciné.	1,50

Nous verrons dans les quelques notes que nous donnerons à la fin, la préparation que le borax et les autres produits doivent subir avant d'entrer dans la composition de l'émail.

N° 2.

Fondant très-fusible.

Silice.	10
Minium.	38
Borax	40

N° 3.

Autre formule.

Silice	3
Nitre.	2,50
Calcine	4

Voir aux notes, pour la calcine. Nous croyons suffisants ces détails sur les fondants : il nous reste à parler des oxydes métalliques.

Nous voulons surtout préciser l'état particulier dans lequel ils doivent se trouver et les préparations qu'ils ont à subir pour être employés dans l'émail.

Nous sommes forcés, à ce moment, de toucher du bout du doigt à la science pour y puiser les quelques notions indispensables à l'intelligence de ce qui va suivre.

Nous avons parlé d'acide, d'oxyde, de base, de sel. Il convient de définir ces mots pour bien saisir la théorie de l'émail.

Si l'on veut être compris (quoique persuadés du contraire pour le plus grand nombre), il est toujours préférable de supposer que l'opérateur ignore tout, et que les détails qu'on juge nécessaire de donner ne s'adressent qu'au lecteur unique qui ne sait pas.

N'écrirait-on que pour un seul, l'explication n'en resterait pas moins nécessaire.

On donne le nom d'*acide* aux corps qui rougissent la teinture de tournesol, et qui se combinent avec les *bases* en les saturant pour former des *sels*.

L'*acide sulfurique*, par exemple, se combine avec la *potasse* et forme le sulfate de *potasse*.

Si c'est un corps simple qui se combine avec l'oxygène, le nom de cet acide finit par la terminaison *ique*.

L'oxygène et la silice forment l'*acide silicique*.

Si le corps combiné est plus ou moins saturé d'oxygène, on désigne comme il suit ces différents degrés d'oxygénation.

Soit un acide formé de chlore et d'oxygène :

Acide hypochloreux.
Acide chloreux.
Acide hypochlorique.
Acide chlorique.

On nommera *acide perchlorique*, celui qui contiendra plus d'oxygène que l'acide chlorique.

Il résulte de la définition de l'acide, que les bases sont des composés qui ont la propriété de se combiner avec les acides et de les saturer.

Le sel est donc le composé ternaire, résultat de la combinaison des acides avec les bases.

La combinaison non acide des corps simples, comme les métaux avec l'oxygène, donne naissance aux oxydes. On les divise en *oxydes basiques* et en *oxydes indifférents* ou *neutres*.

Les *oxydes indifférents* qui jouent tantôt le rôle de base et tantôt celui d'acide, ne peuvent se combiner ni avec les acides, ni avec les bases, tandis que les premiers peuvent former des sels en s'unissant aux acides. Ils constituent la classe des oxydes basiques.

Suivant que le corps simple contient plus ou moins d'oxygène, il prend le nom de :

Protoxyde,
Deutoxyde ou bioxyde,
Tritoxyde.

Le *peroxyde* exprime l'oxyde le plus oxygéné, et le sous-oxyde la combinaison qui renferme moins d'oxygène que le protoxyde.

Ces préliminaires posés, nous n'aurons maintenant aucune difficulté à reconnaître les produits que nous devons employer. Si, par exemple, la formule nomme l'*oxyde de cuivre*, nous ne choisirons pas le nitrate de ce métal, mais le *deutoxyde noir* provenant du carbonate de cuivre calciné.

En règle générale, les oxydes employés dans les couleurs vitrifiables, sont tirés des sels métalliques, décomposés par la calcination.

Les hydrates passent par le creuset, et le résultat de l'opération est l'oxyde que nous cherchons.

Il nous faut, par exemple, de l'oxyde de fer. Ce ne peut être que le peroxyde, puisque le protoxyde ne s'obtient qu'à l'état d'hydrate, et que les hydrates, si ce n'est à l'état de silicates, ne peuvent entrer dans la préparation des poudres.

Nous prenons alors, pour arriver à nos fins, un sel de fer, le sulfate par exemple, et nous obtenons l'oxyde, en décomposant cet hydrate par la chaleur, dans un creuset chauffé à blanc.

Le produit résultant, renfermant 3 atomes de fer et 3 d'oxygène, nous donnera le colorant rouge pour les chairs.

Celui qui peut préparer lui-même ses couleurs, n'a pas besoin, comme nous l'avons dit, de ces explications, mais nous écrivons pour ceux qui se sont peu occupés de chimie, et qui se demanderaient, en lisant une formule, si l'oxyde demandé est un protoxyde, un bioxyde ou un peroxyde.

Nous insistons sur ces détails, pour éviter les malentendus chez le fabricant de produits chimiques.

Celui-ci reçoit chaque jour des ordres qu'il ne peut

remplir, le client ne donnant pas les renseignements nécessaires sur ce qu'il prétend faire.

C'est encore pour venir en aide à l'opérateur qui commence, et qui ne peut pas donner des explications claires sur l'oxyde qu'il demande.

En résumé, l'oxyde nommé dans chacune des formules que nous donnons, est toujours, sauf avis contraire, le produit anhydre. Ce sera le bioxyde si le protoxyde est un hydrate.

Il est vrai de dire cependant qu'on emploie quelquefois dans la peinture sur porcelaine le sel hydraté; mais dans ce cas, les sels sont désignés par leur nom.

Voici la nomenclature des produits colorants :

Oxydes salifiés.

Chromate de fer.
— de barite.
— de plomb.
Chlorure d'argent.
Pourpre de Cassius.
Terre d'ombre.
— de Sienne.

Ocres jaunes.
— rouges.

Oxydes simples.

Oxyde de chrome.
— de fer.
— d'urane.
— de manganèse.
— de zinc.
— d'antimoine.
— de cuivre.
— de cobalt.
— d'étain.
— d'iridum.

Avant de passer aux formules, et pour donner une idée générale des couleurs, nous allons indiquer la couleur inhérente à chaque oxyde. Nous suivrons l'ordre du spectre.

Rouge. — Peroxyde de fer. Pourpre de Cassius, protoxyde de cuivre.

Orange. — Oxyde rouge de fer, oxyde d'antimoine (mélangés).

Jaune. — Oxyde d'urane. Chrmoate de plomb. Sous-sulfate de fer. Oxyde de zinc.

Vert. — Oxyde de chrome, de cuivre, de cobalt (mélangés).

Bleu foncé. — Oxyde de cobalt.

Bleu clair. — Oxyde de cobalt, de zinc (mélangés).

Violet. — Oxyde de manganèse. Pourpre de Cassius.

Noir. — Oxyde de manganèse, de fer, de cobalt, d'iridium (mélangés).

Blanc. — Nous donnons de suite la formule de l'émail blanc opaque, tel qu'on l'emploie sur les plaques émaillées, pour ne plus y revenir.

Email blanc opaque.

Silice.	30
Potasse.	20
Oxyde de plomb	40
Oxyde d'étain	10

On fond le tout dans un creuset, et on projette la matière en fusion dans l'eau froide, pour la diviser.

Vous prenez alors de ce mélange . . . 44

Et vous ajoutez :

Sable blanc (ou silex)	25
Minium.	3,50
Cristal de commerce à base de potasse et d'oxyde de plomb.	2

Email noir.

Nous savons que l'émail transparent ou le fondant fusible est rendu opaque et noir par un mélange intime d'oxyde de fer, de cuivre, de manganèse et d'iridium. Ce dernier oxyde est d'un emploi récent, et à l'état de sesquioxyde il donne le noir le plus beau que l'on connaisse.

Nous notons en passant que le mélange de cobalt, de fer, de cuivre et de manganèse en contact avec une matière siliceuse, donne toujours du noir à la vitrification, que le cobalt soit bleu ou noir, que le fer soit rouge ou brun.

Mais le noir pur est d'un effet peu heureux dans l'émail photographique, l'image paraît trop froide et n'a pas le moëlleux artistique qui doit se marier avec celui de l'émail. On doit modifier la couleur et la faire tourner légèrement au brun par l'addition d'un peu de terre de Sienne calcinée ou de pourpre de Cassius.

Maintenant que chacun connaît les éléments de la couleur, il ne sera pas difficile de la modifier et de l'amener par essai au ton qu'on désire.

Voici plusieurs formules :

N° 1.

Noir.

Oxyde de cuivre	2
Oxyde de cobalt	1 1/2
Oxyde de manganèse	2
Fondant	12

Fondez au creuset et ajoutez :

Oxyde de cuivre	1 1/2
Oxyde de manganèse	1

Il faut, autant que possible, rejeter l'oxyde de manganèse qui est décomposé par l'acide sulfurique.

N° 2.

Noir.

Oxyde de cuivre.	2
Oxyde de cobalt.	3
Oxyde d'iridium.	1/10
Terre de Sienne	1
Fondant.	18

Les proportions que nous donnons sont calculées au poids de chaque substance.

Nous faisons suivre maintenant toutes les couleurs qui entrent dans la palette du peintre émailleur.

Rouge foncé.

Sulfate de fer calciné	1
Fondant.	3

Pourpre.

Pourpre de Cassius. 1/10
Borax. 12
Silice 1
Minium 1

Rouge de chair.

Oxyde rouge de fer. . . . 1 (rouge anglais).
Fondant. 3

L'oxyde rouge de fer ne doit pas, dans la calcination, atteindre le ton violet, mais présenter la couleur du rouge anglais dont il ne diffère pas.

Orange.

Sous-sulfate de fer. 1
Acide antimonique. 1 1/2
Fondant. 8

Jaune clair.

Sous-sulfate de fer. 1
Oxyde de zinc 2 1/2
Fondant 11

Vert foncé.

Oxyde de cuivre	1 1/2
Acide antimonique.	10
Fondant.	25

Vert clair.

Oxyde de chrome	1
Fondant.	3 1/2

Bleu foncé.

Oxyde de cobalt.	1
Fondant.	3 1/2

Bleu clair.

Oxyde de cobalt.	1
Oxyde de zinc	2
Fondant.	9

Violet.

Borax fondu.	3
Deutoxyde de manganèse . . .	3
Oxyde de cobalt.	1
Fondant.	25

Gris.

Email bleu clair.	2
Borax.	3
Fondant.	28

Brun de cheveux.

Sous-sulfate de fer.	1
Oxyde de zinc	8
Oxyde de cobalt.	1
Fondant.	32

Toutes ces couleurs vitrifiables fondent à la température *rouge cerise* et peuvent être employées pour la coloration des émaux photographiques. Ce n'est que par l'habitude qu'on trouvera la nuance exacte, car les peintres n'emploient pas les mêmes mélanges pour produire les mêmes effets. Chacun ombre à sa manière et choisit le mélange qui lui convient le mieux ; mais comme nous avons déterminé la couleur propre, produite par chaque oxyde, on pourra facilement foncer ou éclairer le ton par un supplément d'oxyde et rendre au besoin l'émail plus fusible en ajoutant du fondant.

Les bleus de cobalt, les jaunes d'antimoine et les verts de cuivre dont les oxydes n'offrent pas la couleur propre et qui ne l'acquièrent qu'en combinaison avec la silice, doivent être mêlés au fondant et subir une fonte préalable qui détermine la couleur; on les broie ensuite et on les emploie comme les autres. Hors ce cas, tous les oxydes sont simplement mélangés au fondant.

On peut fixer dans la moufle l'or et l'argent sur l'émail et leur rendre l'éclat métallique à l'aide du brunissoir. On prend de l'or ou de l'argent réduit en poudre impalpable qu'on délaie avec un peu d'essence grasse, et on l'applique au pinceau.

Le feu vaporise la matière résineuse, le métal pénètre dans la pâte et se fixe sur l'émail.

L'essence grasse est souvent remplacée par le miel et la gomme arabique.

Si on ne voulait pas préparer l'or ou l'argent comme nous l'indiquerons dans les notes qui suivront, on pourrait se servir de ces mêmes métaux en coquilles, ou nous demander notre préparation particulière, qu'on applique au pinceau, et qui ne prend l'aspect métallique que dans le feu.

XVII.

PRÉPARATION DES PRODUITS CHIMIQUES EMPLOYÉS DANS L'ÉMAIL PHOTOGRAPHIQUE.

Ce sont des notes que nous allons donner; il ne serait pas facile, sans un laboratoire très-complet, de s'occuper de la préparation de tous les produits employés dans l'émail photographique, car beaucoup de ces produits exigent une fabrication spéciale à laquelle l'amateur ne saurait prétendre, à moins qu'il ne soit à la tête d'une usine.

Nous ne parlerons donc que de certains produits qui existent déjà dans le commerce, mais que l'on ne trouve jamais qu'à l'état brut ou de sel, et qui exigent des préparations secondaires pour être rendus propres à l'emploi qu'on veut en faire dans l'émail.

Or en poudre.

Pour réduire l'or en poudre, vous préparez du chlorure d'or ordinaire, en attaquant le métal par le triple de son poids d'eau régale formée d'une partie d'acide nitrique et de deux parties d'acide chlorhydrique. L'opération se fait dans un petit ballon de verre sur une lampe à alcool. Quand tout le métal est dissout, vous recevez le liquide jaune d'or dans une capsule et vous l'amenez sur le feu à l'état sirupeux. Il cristallisera alors par le refroidissement.

Vous faites dissoudre ensuite le chlorure d'or dans l'eau distillée, un litre d'eau par gramme d'or. On ajoute du sulfate de fer dissout et filtré et le précipité se forme; l'opération doit se faire dans un vase étroit et long. On laisse déposer pendant cinq ou six heures, on décante et on lave le précipité à deux ou trois eaux, puis à l'acide chlorhydrique. On passe ensuite l'or en poudre dans l'eau chaude et on le laisse sécher.

Pourpre de Cassius.

Le produit de ce nom a été découvert par Cassius en 1683; c'est un stannate neutre de protoxyde d'or d'une préparation assez délicate.

Pour l'obtenir, vous préparez le chlorure d'or comme nous l'avons dit plus haut, vous en dissolvez un gramme dans un litre d'eau et vous introduisez dans le liquide quelques lames minces d'étain. L'opération marche lentement en suivant ce procédé, mais le produit obtenu est de qualité supérieure. Si le liquide tournait au brun, vous ajouteriez quelques gouttes d'eau saturée de sel marin, et le précipité reprendrait sa belle couleur pourpre.

Quand l'eau ne contient plus d'or, vous décantez et vous lavez le précipité que vous faites dissoudre dans l'ammoniaque, et vous le conservez dans un flacon.

Pour obtenir l'émail pourpre, vous mêlez la liqueur ammoniacale avec un fondant très-fusible; sans cette précaution, l'or serait réduit dans la moufle.

Voici un fondant approprié à cette couleur :

Borax.	12
Silice	1
Minium	1
Pourpre.	1,40

On peut encore précipiter le pourpre en se servant d'une dissolution de chlorure d'étain. On dissout l'étain dans une eau régale composée de deux parties d'acide nitrique sur une partie de sel ammoniaque. On ne doit ajouter l'étain que par petits fragments et mener l'opération très-lentement. Le ballon ne doit pas s'échauffer, on le pose dans un vase plein d'eau fraîche, et la liqueur doit arriver à un ton jaune foncé sans excès.

On met quelques gouttes de ce liquide dans un litre d'eau, comme on a fait pour l'or, et on verse la liqueur d'étain sur la solution de chlorure d'or; le précipité commence aussitôt, il varie de couleur suivant que les deux chlorures sont en excès l'un sur l'autre. Le résultat dépend de l'adresse et de l'habitude de l'opérateur.

Argent en poudre.

On obtient l'argent en poudre impalpable en le traitant par l'acide azotique, moitié eau, moitié acide.

Quand le métal est dissous à l'aide d'une douce chaleur, on verse le liquide dans une grande quantité d'eau, et on introduit dans le vase quelques lames de cuivre qui précipitent l'argent : il faut agiter fortement. Quand il ne se fait plus de précipité, on décante, on lave la poudre d'argent et on y mêle comme fondant 1/10 de sous-nitrate de bismuth.

Chlorure d'argent. — Ag. cl.

On opère comme précédemment pour obtenir le chlorure d'argent, mais au lieu d'employer des lames de cuivre, on verse dans la liqueur une solution de chlorure de soldium (sel de cuisine). Le précipité, lavé plusieurs fois et desséché, est conservé à l'abri de la lumière qui le teinterait en violet.

On peut s'en servir aussi pour obtenir l'argent métallique en poudre fine en le traitant par le zinc, mais dans ce cas, on est obligé de faire un lavage à l'acide sulfurique, qui dissout le zinc réduit sans attaquer l'argent.

Silice. — Si—o³.

L'acide silicique ou la silice, qui sert de base au verre et à l'émail, forme le cristal de roche, le quartz, l'amithyste, le sable, etc.

La silice s'unit aux bases et forme les silicates dont la plupart sont fusibles.

On l'obtient en calcinant les silex blancs et noirs. On les jette ensuite dans l'eau froide qui les rend friables et plus faciles à être réduits en poudre impalpable.

Borax. — na.o × 2 bo^3.

L'acide borique est un corps solide comme la silice; il est fusible à la température rouge. Pour le rendre propre à entrer dans la composition de l'émail, il faut le fondre dans un creuset en y jetant les cristaux un à un pour éviter le boursouflement de la matière.

Il s'opère une première fusion aqueuse, et quand toute l'eau est évaporée, le produit desséché subit une seconde fusion comme tous les hydrates; on retire le creuset du feu lorsqu'il ne se manifeste plus de bulles à la surface, et on coule sur une glace.

Le produit a pris alors un aspect vitreux, il est sec et cassant. On doit le conserver pour l'usage dans un flacon bien bouché.

Minium. — Pb^3 o^4.

On prépare le minium dans le laboratoire en chauffant dans un creuset quatre parties de litharge en poudre et une partie de chlorate de potasse.

On élève la température au rouge sombre; il y a

dégagement d'oxygène, et le sel de plomb est changé en minium. On lave le produit dans la potasse caustique dissoute dans l'eau : elle enlève le protoxyde qui a pu se former ; on termine par un lavage à l'eau distillée.

Le minium est un composé particulier de protoxyde et de peroxyde de plomb. Il est d'un beau rouge ; mais par la calcination, il perd cette couleur et devient jaune.

Le meilleur à l'emploi est la mine orange, qu'on peut obtenir en calcinant à l'air, dans un creuset, le carbonate de plomb ou blanc de céruse.

Le minium de commerce est souvent mélangé avec des matières étrangères, de la brique rouge surtout. On peut s'assurer de sa pureté en le faisant bouillir dans de l'eau sucrée, additionnée d'un peu d'acide azotique ; s'il est pur, il doit s'y dissoudre entièrement.

Oxyde rouge de fer. — $Fe^2 o^3$.

L'oxyde rouge de fer se trouve tout formé dans la nature.

On le rencontre quelquefois sous une forme spéciale très-dure, qu'on nomme *hématite*, et qui sert au brunissage de l'or et de l'argent.

Ce peroxyde joue un rôle important dans la composition des émaux, auxquels il communique la couleur rouge orange, rouge violet, chair, carmin; jaune orange avec l'alumine; grise ou noire avec le cobalt, et brun jaune avec le zinc.

En calcinant dans un creuset le sulfate de fer, on obtient le peroxyde de fer rouge ou colcothar. Si on le mêle avec trois fois son poids de sel marin, le produit de la calcination, d'un violet foncé presque noir, est d'un excellent emploi pour l'émail photographique.

Pour obtenir l'oxyde anhydre et presque noir, on fait dissoudre le sulfate de fer dans l'eau tiède, et on ajoute une dissolution concentrée d'acide oxalique. Il se forme un précipité jaune qu'on fait sécher pour le calciner ensuite.

Oxyde de manganèse. — mno².

Nous conseillons peu l'oxyde de manganèse, dans le dosage des matières nécessaires à l'émail noir. Il vaut mieux employer l'oxyde de cobalt en excès dans les formules que nous avons données, et ajouter un peu d'oxyde d'iridium.

Nous ne parlons que de l'émail photographique et en voici le motif. Le peroxyde ou deutoxyde de manganèse est entièrement dissous par l'acide sulfurique, et nous savons que nos épreuves doivent être en contact pendant cinq à dix minutes avec ce dernier produit.

On pourrait l'utiliser toutefois dans la décoration des émaux, lorsqu'il n'est pas nécessaire de les soumettre à l'action destructive de l'acide. Il est d'un prix beaucoup moins élevé que l'oxyde de cobalt. On l'emploie en combinaison avec l'oxyde de fer dans la glaçure, pour colorer en brun les porcelaines.

On prépare l'oxyde de manganèse, en traitant le carbonate du même métal délayé dans l'eau par un courant de chlore ; et en lavant le précipité noir qui s'est formé.

Oxyde de cobalt. — $Co^2 o^3$.

Nous ne dirons rien du protoxyde de cobalt qu'on extrait directement du minerai, les opérations sont longues et difficiles. Le commerce fournit cet oxyde au consommateur, dans des conditions qui ne laissent rien à désirer sous aucun rapport.

Oxyde d'iridium. — $Ir^2 o^3$.

Le sesquioxyde d'iridium est une poudre noire qui ne se décompose pas à la chaleur rouge cerise, et qui donne le plus beau noir connu dans les émaux.

Pour l'obtenir, on traite l'iridium métallique par les azotates alcalins.

Oxyde de cuivre. — Cu. o.

C'est le protoxyde de cuivre qu'on emploie dans l'émail, pour donner au noir une teinte légèrement bleuâtre.

On le prépare en faisant dissoudre le métal dans l'acide azotique étendu, et en précipitant par le carbonate de potasse; le précipité est calciné dans un creuset, et jeté encore rouge dans l'eau froide.

Calcine.

Pour opacifier les émaux avec l'acide stannique, on chauffe à l'air 15 parties d'étain et 100 parties de plomb. On recueille le stannate de plomb à mesure qu'il se forme, et on le débarrasse par des lavages des paillettes métalliques qu'il contient; le résultat est la calcine.

Cette calcine est frittée ensuite, c'est-à-dire desséchée sur le feu sans fusion, avec 100 parties de silice et 80 parties de carbonate de potasse. C'est la base des émaux opaques.

On trouvera chez MM. GEYMET *et* ALKER *tous les produits et les appareils nécessaires pour la fabrication des Emaux photographiques.*

Nous envoyons gratuitement notre Prix-courant à toutes les personnes qui nous en font la demande.

(Affranchir, S. V. P.).

NOTA. *Nous donnons gratuitement des leçons de* PHOTOGRAPHIE PRATIQUE *aux amateurs débutants, et nous démontrons, dans notre laboratoire, toutes les inventions et les procédés nouveaux, tels que les* Emaux photographiques, *la* Photographie *au charbon, la* Polychromie (*épreuves de toutes couleurs et métalliques*), *la* Gravure photographique, *la* Lithophotographie, *le presse-papier, la miniature coloriée.*

Il en est de même pour tout ce qui concerne la galvanoplastie, la dorure, l'argenture, etc.

APPAREIL PHOTOGRAPHIQUE

UN QUART

SPÉCIAL POUR L'ÉMAIL ET SUPÉRIEUR POUR TOUT GENRE DE PHOTOGRAPHIE,

AVEC

Chambre un quart à soufflet, pied, cuvettes, produits, flacons, papiers, verres,

Formant un tout complet pour opérer.

Avec emballage simple . . . . 172 francs.

Avec boîte à compartiments. . 190 —

FOURNEAU D'ÉMAILLEUR N° 1

avec

une série de Plaques d'émail, du N° 1 à 12.

PRODUITS, POUDRE D'ÉMAIL N° 21, BLAIREAUX, CUVETTES, PAPIERS, PINCEAUX A RETOUCHE, ACCESSOIRES DIVERS,

Formant un tout complet pour opérer :

150 francs.

Avec caisse d'emballage simple :

160 francs.

TABLE DES MATIÈRES.

Bar-le-Duc, Imprimerie Contant-Laguerre.

Bar-le-Duc. — Imprimerie Contant-Laguerre.

www.ingramcontent.com/pod-product-compliance
Ingram Content Group UK Ltd.
Pitfield, Milton Keynes, MK11 3LW, UK
UKHW022057190726
13855UKWH00002B/524

9 782013 057004